D1702919

Stephan Sitzler

Unternehmensethik und Corporate Social Responsibility

Empirische Untersuchung der Einstellung von Führungskräften zum Thema CSR

Diplomica Verlag GmbH

Sitzler, Stephan: **Unternehmensethik und Corporate Social Responsibility: Empirische Untersuchung der Einstellung von Führungskräften zum Thema CSR,** Hamburg, Diplomica Verlag GmbH 2013

Buch-ISBN: 978-3-8428-9788-5
PDF-eBook-ISBN: 978-3-8428-4788-0
Druck/Herstellung: Diplomica® Verlag GmbH, Hamburg, 2013
Covermotiv: © Kheng Guan Toh - Fotolia.com

Bibliografische Information der Deutschen Nationalbibliothek:
Die Deutsche Nationalbibliothek verzeichnet diese Publikation in der Deutschen Nationalbibliografie; detaillierte bibliografische Daten sind im Internet über http://dnb.d-nb.de abrufbar.

Das Werk einschließlich aller seiner Teile ist urheberrechtlich geschützt. Jede Verwertung außerhalb der Grenzen des Urheberrechtsgesetzes ist ohne Zustimmung des Verlages unzulässig und strafbar. Dies gilt insbesondere für Vervielfältigungen, Übersetzungen, Mikroverfilmungen und die Einspeicherung und Bearbeitung in elektronischen Systemen.

Die Wiedergabe von Gebrauchsnamen, Handelsnamen, Warenbezeichnungen usw. in diesem Werk berechtigt auch ohne besondere Kennzeichnung nicht zu der Annahme, dass solche Namen im Sinne der Warenzeichen- und Markenschutz-Gesetzgebung als frei zu betrachten wären und daher von jedermann benutzt werden dürften.

Die Informationen in diesem Werk wurden mit Sorgfalt erarbeitet. Dennoch können Fehler nicht vollständig ausgeschlossen werden und die Diplomica Verlag GmbH, die Autoren oder Übersetzer übernehmen keine juristische Verantwortung oder irgendeine Haftung für evtl. verbliebene fehlerhafte Angaben und deren Folgen.

Alle Rechte vorbehalten

© Diplomica Verlag GmbH
Hermannstal 119k, 22119 Hamburg
http://www.diplomica-verlag.de, Hamburg 2013
Printed in Germany

Inhaltsverzeichnis

Abbildungsverzeichnis 7

Abkürzungsverzeichnis 9

Anlagenverzeichnis 10

1. Einleitung 11
    1.1 Relevanz, Ziel und Aufbau der Untersuchung 12
    1.2 Abgrenzung der Untersuchung 13

2. Theoretische Grundlagen 15
    2.1 Unternehmen - Definition 15
        2.1.1 Unternehmen - Ziele im wirtschaftlichen Kontext 16
        2.1.2 Unternehmen - Ziele im gesellschaftlichen Kontext 16
        2.1.3 Unternehmen – Arten und Kennzeichnungen 17
    2.2 Ethik – Ein Definitionsansatz 18
        2.2.1 Ethik - Deontologisches Konzept 19
        2.2.2 Ethik - Teleologisches Konzept 19
    2.3 Unternehmensethik - Definition 20
        2.3.1 Unternehmensethik – Ziele 21

3. Stakeholder und ihre Stellung in der Unternehmensethik 23
    3.1 Stakeholder – Wer ist das? 23
    3.2 Stakeholdermanagement 24

4. Corporate Social Responsibility als Schlüsselbegriff der Unternehmensethik ... 27
    4.1 Corporate Citizenship (CC) 28
    4.2 Corporate Sustainability (CS) 28
    4.3 Corporate Governance (CG) 29
    4.4 Kernthemen im Bereich der CSR 29
        4.4.1 Menschenrechte und Arbeitsbedingungen 30
        4.4.2 Umweltschutz 33
        4.4.3 Faires unternehmerisches Handeln 35
        4.4.4 Verbraucherschutz 37
        4.4.5 Soziales Engagement 39

	4.5 Institutionelle CSR-Handlungsempfehlungen und Leitsätze	41
	4.5.1 UN Global Compact	41
	4.5.2 Global Reporting Initiative (GRI)	43
	4.5.3 OECD Leitsätze für multinationale Unternehmen	44
	4.5.4 Kernarbeitsnormen der internationalen Arbeitsorganisation (IAO)	45
	4.5.5 Weitere Leitsätze und Normen zu CSR	46
5.	**Die Stellung der Führungskräfte im ethisch orientierten Unternehmen**	**47**
	5.1 Führungskräfte – Begriff und Aufgabe	47
	5.2 Führungskräfte als Kommunikator der Unternehmensethik	47
6.	**Empirische Untersuchung**	**53**
	6.1 Rahmendaten der Untersuchung	54
	6.2 Techniken der Untersuchung	54
	6.3 Auswertung der Untersuchung	55
	6.4 Ergebnisse der Untersuchung	55
	6.4.1 Ergebnisse: Kernthema „Menschenrechte & Arbeitsbedingungen"	56
	6.4.2 Ergebnisse: Kernthema „Schutz der Umwelt"	63
	6.4.3 Ergebnisse: Kernthema „Faires unternehmerisches Handeln"	68
	6.4.4 Ergebnisse: Kernthema „Schutz der Verbraucher"	75
	6.4.5 Ergebnisse: Kernthema „Soziales Engagement"	81
	6.4.6 Ergebnisse: Allgemeine ethische Einstellung der zukünftigen Führungskräfte	85
	6.4.7 Zusammenhänge der gegebenen Antworten und dem Angebot von Vorlesungen zum Thema Unternehmensethik	91
7. Fazit		**99**
Literaturverzeichnis		**101**
Anlagen		**127**

Abbildungsverzeichnis

Abbildung 1: Unternehmen - Rechtsformen und Größe nach Mitarbeitern, Stand 05/2012 ... 17
Abbildung 2: Stakeholder eines Unternehmens ... 23
Abbildung 3: System der Corporate Social Responsibility ... 27
Abbildung 4: Kinderarbeit weltweit ... 31
Abbildung 5: Einstellung der EU-Bürger zum Thema Verantwortung im Umweltschutz ... 34
Abbildung 6: Verbreitung und Wahrnehmung der Korruption 2011 ... 36
Abbildung 7: Konsumentenvertrauen in Deutschland ... 38
Abbildung 8: Die 10 Grundsätze des UN Global Compact ... 42
Abbildung 9: Managementmodel für die Zukunft ... 49
Abbildung 10: Frage 1 ... 56
Abbildung 11: Frage 2 ... 57
Abbildung 12: Frage 28 ... 58
Abbildung 13: Frage 19 ... 59
Abbildung 14: Kreuztabelle Frage 1/ Frage 19 ... 59
Abbildung 15: Frage 7 ... 60
Abbildung 16: Frage 6 ... 61
Abbildung 17: Frage 24 ... 62
Abbildung 18: Frage 12 ... 63
Abbildung 19: Frage 8 ... 64
Abbildung 20: Frage 11 ... 65
Abbildung 21: Frage 16 ... 66
Abbildung 22: Frage 18 ... 67
Abbildung 23: Frage 26 ... 67
Abbildung 24: Frage 3 ... 68
Abbildung 25: Frage 4 ... 69
Abbildung 26: Kreuztabelle Frage 3/ Frage 4 ... 70
Abbildung 27: Frage 9 ... 71
Abbildung 28: Frage 20 ... 72
Abbildung 29: Frage 14 ... 73
Abbildung 30: Frage 27 ... 74
Abbildung 31: Frage 17 ... 75
Abbildung 32: Frage 34 ... 76
Abbildung 33: Frage 32 ... 77

Abbildung 34: Frage 10 78
Abbildung 35: Frage 31 79
Abbildung 36: Frage 13 80
Abbildung 37: Frage 22 81
Abbildung 38: Frage 5 82
Abbildung 39: Frage 21 83
Abbildung 40: Frage 30 84
Abbildung 41: Frage 36 85
Abbildung 42: Frage 15 86
Abbildung 43: Frage 35 87
Abbildung 44: Frage 25 88
Abbildung 45: Frage 33 89
Abbildung 46: Frage 29 90
Abbildung 47: Frage 23 91
Abbildung 48: Diagramm zur Kreuztabelle von Frage 4 und Frage 37.................................... 92
Abbildung 49: Diagramm zur Kreuztabelle von Frage 19 und Frage 37.................................. 93
Abbildung 50: Diagramm zur Kreuztabelle von Frage 28 und Frage 37.................................. 94
Abbildung 51: Diagramm zur Kreuztabelle von Frage 36 und Frage 37.................................. 95
Abbildung 52: Diagramm zur Kreuztabelle von Frage 8 und Frage 37.................................... 96
Abbildung 53: Diagramm zur Kreuztabelle von Frage 23 und Frage 37.................................. 97

Abkürzungsverzeichnis

AG	=	Aktiengesellschaft
AA	=	AccountAbility
CC	=	Corporate Citizenship
CG	=	Corporate Governance
CS	=	Corporate Sustainability
CSR	=	Corporate Social Responsibility
DAX	=	Deutscher Aktienindex
EHEC	=	Enterohämorrhagische Escherichia coli
FH	=	Fachhochschule
GfK	=	Gesellschaft für Konsumforschung
GRI	=	Global Reporting Initiative
IAO	=	Internationale Arbeitsorganisation
ISO	=	International Organisation für Normung
NGO	=	Nichtregierungsorganisation
SA	=	Social Accountability
UN	=	Vereinte Nationen
WiWi	=	Wirtschaftswissenschaften

Anlagenverzeichnis

Anlage 1: Die 10 Prinzipien des UN Global Compact 127

Anlage 2: Fragebogen – Seite 1 128

Anlage 3: Fragebogen – Seite 2 129

Anlage 4: Fragebogen – Seite 3 130

Anlage 5: Fragebogen – Seite 4 131

Anlage 6: Fragebogen – Seite 5 132

Anlage 7: Fragebogen – Seite 6 133

Anlage 8: Fragebogen – Seite 7 134

Anlage 9: Fragebogen – Seite 8 135

Anlage 10: Fragebogen – Seite 9 136

Anlage 11: Statistische Maßzahlen der Auswertung 137

Anlage 12: Kreuzdiagramme Teil 1 (Frage 2 und Frage 7) 138

Anlage 13: Kreuzdiagramme Teil 2 (Frage 9 und Frage 12) 139

Anlage 14: Kreuzdiagramme Teil 3 (Frage 14 und Frage 15) 140

Anlage 15: Kreuzdiagramme Teil 4 (Frage 16 und Frage 17) 141

Anlage 16: Kreuzdiagramme Teil 5 (Frage 21 und Frage 22) 142

Anlage 17: Kreuzdiagramme Teil 6 (Frage 27 und Frage 30) 143

Anlage 18: Kreuzdiagramme Teil 7 (Frage 31 und Frage 32) 144

Anlage 19: Kreuzdiagramme Teil 8 (Frage 35) 145

1. Einleitung

„Grünenthal entschuldigt sich nach 50 Jahren."[1] Diese Schlagzeile der Financial Times Deutschland vom 31.08.2012 lässt erkennen, dass sich das ethische Bewusstsein von Unternehmen in den letzten Dekaden weiterentwickelt hat. Grünenthal, verantwortlich für den größten Arzneimittelskandal der Nachkriegsgeschichte, hatte diese Verantwortung zwar zuvor bereits schon eingestanden, eine öffentliche Entschuldigung für die Vorkommnisse in den 1950er und 1960er Jahren blieb bis August 2012 jedoch aus. Dieser Gesinnungswechsel in dem genannten Unternehmen unterstreicht vor allem auch die Entwicklung der Signifikanz der Unternehmensethik, steht diese Ethik im Geschäftsleben doch seit genau jenen 1960er Jahren in der akademischen Diskussion.[2]

Die Wirtschaftswelt hat sich seit dieser Zeit enorm verändert. Globalisierung, technischer Fortschritt und die Nutzung nichterneuerbarer natürlicher Ressourcen geben der Unternehmensethik einen breiten Raum und eine Vielzahl neuer Ansatzpunkte.[3] Das ethisch orientierte Unternehmen muss heutzutage über seinen Tellerrand hinaus schauen und neben seinen eigenen Geschäftspraktiken auch die seiner Geschäftspartner moralisch vertreten können. Neben den ökonomischen Zielen rücken somit auch gesellschaftliche Ziele immer mehr in den Fokus der Unternehmensführung. Die über einen langen Zeitraum verfolgte Shareholder-Orientierung ist einer Ausrichtung auf die Anspruchsgruppen des Unternehmens gewichen, dies nicht zuletzt weil diese so genannten Stakeholder einen immer größeren Einfluss auf das Unternehmen haben.

In einer großen Verantwortung stehen hierbei die Führungskräfte des Unternehmens, sind sie doch die Personen, die das Unternehmen führen, eine Philosophie vorgeben, diese vorleben und auch nach außen vertreten. So ist es unerlässlich, diese Verantwortungsträger des Unternehmens bereits während ihrer Ausbildung für unternehmensethische Inhalte zu sensibilisieren.[4] Hieraus geht hervor, dass auch Universitäten eine Verantwortung für ein ethisches und verantwortungsbewusstes Verhalten von Unternehmen tragen, sind es doch die Hochschulen, die den Unternehmen die Führungskräfte von morgen liefern.

---

[1] Financial Times Deutschland (12.10.2012); http://www.ftd.de
[2] Vgl. Solberg Søilen (2010), S.89
[3] Vgl. Schmitt (2005), S.1f
[4] Vgl. Thiede (2008); S. 1

1.1 Relevanz, Ziel und Aufbau der Untersuchung

Das vorliegende Buch setzt sich mit dem Thema Unternehmensethik auseinander. Das Ziel ist hierbei zunächst, dem Leser diese Thematik näher zu bringen und deren Schlüsselbegriffe zu erläutern. Der praktische Teil dieser Untersuchung setzt sich anschließend mit der ethischen Einstellung der heutigen Studenten, die schließlich die zukünftigen Führungskräfte darstellen, auseinander.

In Kapitel 2 werden dem Leser die theoretischen Grundlagen zum Thema vorgestellt und definiert. Hierbei wird auf die Begriffe Unternehmen sowie Ethik eingegangen und im weiteren Verlauf die Verknüpfung der beiden Begriffe dargelegt.

Kapitel 3 gibt einen Aufschluss über die oben bereits erwähnten Anspruchsgruppen des Unternehmens und einen Ansatz für ein Management dieser Gruppen.

Das Thema Corporate Social Responsibility (CSR), ein Schlüsselbegriff der Unternehmensethik, wird in Kapitel 4 erläutert. Hierzu werden die Kernthemen des CSR aufgeführt, erklärt und mit kurzen Beispielen veranschaulicht.

Kapitel 5 stellt die Stellung der Führungskräfte in einem ethisch orientierten Unternehmen vor und weist abschließend erneut auf die Verantwortung von Hochschulen hin, die zukünftigen Führungskräfte im Bereich der Unternehmensethik zu schulen.
Diesem Buch liegt eine empirische Untersuchung der ethischen Einstellung aktueller Studenten der FH-Worms zu Grunde. Die Ergebnisse werden in Kapitel 6 dargestellt. Hierbei wird auch darauf eingegangen, ob Zusammenhänge zwischen der ethischen Einstellung der Befragten und dem Besuch von Vorlesungen zum Thema Unternehmensethik bestehen.

Die aus der primären und sekundären Forschung gewonnenen Erkenntnisse werden in Kapitel 7 schlussbetrachtend zusammengetragen.

1.2 Abgrenzung der Untersuchung

Dieses Buch stellt die Themen Stakeholder-Management, CSR und Führungskräfte nur im Ansatz vor. Es werden hierbei lediglich die, für das Verständnis des praktischen Teils des Buches erforderlichen Informationen, aufgeführt und grundlegend im Rahmen ihrer Bedeutung für diese Untersuchung erklärt. Eine ausführliche Erklärung dieser Themen bleibt aus, hierzu zu zählen sind auch weitreichende Definitionen der theoretischen Grundlagen, wie bspw. ein tiefgründiger philosophischer Ansatz der Ethik.

2. Theoretische Grundlagen

2.1 Unternehmen - Definition

Die Begriffe „Unternehmen" und „Betrieb" sowie deren Beziehung zueinander werden in der betriebswirtschaftlichen Literatur nicht einheitlich bestimmt.[5]

Korndörfer definiert einen Betrieb als eine durch dispositive Arbeit planmäßig zusammengefasste Einheit, deren Zweck die Produktion von Sachgütern bzw. die Bereitstellung von Dienstleistungen ist.[6] Wöhe beschreibt ein Unternehmen als „einen Betrieb im marktwirtschaftlichen Wirtschaftssystem."[7] Alisch und Winter sehen den Unterschied zwischen Betrieb und Unternehmen vor allem in der Tatsache, dass das Unternehmen eine „örtlich nicht gebundene, wirtschaftlich-finanzielle und rechtliche Einheit darstellt."[8] Bea, Helm und Schweitzer unterteilen einen Betrieb in Unternehmen und Haushalte und sehen in einem Unternehmen eine „soziale, ökonomische, technische und umweltbezogene Einheit mit der Aufgabe der Fremdbedarfsdeckung."[9]

Zusammenfassend kann ein Unternehmen also als eine örtlich ungebundene, ökonomische, soziale, technische, umweltbezogene und rechtliche Einheit, die in einem marktwirtschaftlichen Wirtschaftssystem Sachgüter produziert bzw. Dienstleistungen bereitstellt, um einen Fremdbedarf zu decken, definiert werden.[10] Den Grundstock eines Unternehmens stellt entweder das private Kapital des Unternehmers oder Fremdkapital dar, welches der Führung des Unternehmens anvertraut wurde.[11] Charakterisieren lässt sich ein solches Unternehmen lt. Gutenberg durch das Autonomieprinzip und eine Alleinbestimmung durch die Eigentümer.[12]

---

[5] Vgl. Korndörfer (2003), S.13
[6] Vgl. Korndörfer (2003), S.13
[7] Wöhe (2010), S.30
[8] Alisch, Katrin; Winter, Eggert (2004), S.3076
[9] Bea; Helm; Schweitzer (2009), S.386
[10] Vgl. Becker (2006), S.9
[11] Vgl. Dietzfelbinger (2007), S.189f
[12] Vgl. Gutenberg (1983), s.460f

2.1.1 Unternehmen - Ziele im wirtschaftlichen Kontext

Das Unternehmen als eine ökonomische Einheit hat die Wirtschaftlichkeit zum Ziel, also das Erwirtschaften eines Gewinnes und dessen Maximierung.[13] Um dieses Ziel zu erreichen ist es unvermeidlich nach dem ökonomischen Prinzip zu handeln, welches wie folgt untergliedert werden kann:[14][15]

1. **Maximalprinzip** – mit einem gegebenen Input einen maximalen Output anstreben[16]
2. **Minimalprinzip** – mit minimalem Input einen gegebenen Output erzielen[17]
3. **Extremumprinzip** – maximieren der Output-Input-Relation[18]

Es ist hierbei festzuhalten, dass heute i.d.R. das Extremumprinzip den komplexen Optimierungsproblemen der betriebswirtschaftlichen Praxis Rechnung trägt, da hier „der gesamte Prozess der Erstellung und des Absatzes von Leistungen auf den Prüfstand einer größtmöglichen Wirtschaftlichkeit gestellt wird."[19]

2.1.2 Unternehmen - Ziele im gesellschaftlichen Kontext

Die genannten wirtschaftlichen Ziele muss ein Unternehmen auf eine Art und Weise verfolgen die gesellschaftliche Akzeptanz erfährt. Ein dauerhaftes Wirtschaften gegen die Gesellschaft sieht Dietzfelbinger als unmöglich an und verweist auf eine „license to operate", eine gesellschaftliche Arbeitserlaubnis, die einem Unternehmen nur von außen erteilt werden kann. Das Ziel eines Unternehmens im gesellschaftlichen Zusammenhang muss also sein, auch den moralischen Anforderungen und Erwartungen dieser Gesellschaft gerecht zu werden.[20]

---

[13] vgl. Dietzfelbinger (2007), S.190
[14] vgl. Weber; Kabst (2008), S.3
[15] vgl. Corsten; Gössinger (2008), S.630
[16] vgl. Wildmann (2010), S.10
[17] vgl. Tauberger (2008), S.125
[18] vgl. Herdzina (2009), S.21
[19] Töpfer (2007), S.64
[20] vgl. Dietzfelbinger (2007), S.191

2.1.3 Unternehmen – Arten und Kennzeichnungen

Spezifisch kennzeichnen lassen sich Unternehmen nach folgender Systematisierung:[21]

- **Art der erstellten Leistung** – Produktionsunternehmen oder Dienstleistungsunternehmen
- **Unternehmensgröße** – Große, mittlere und kleine Unternehmen (Kriterien hierbei sind: Umsatz, Bilanzsumme, Börsenwert und Beschäftigtenzahl)
- **Rechtsform** – Einzelunternehmen, Personengesellschaften, Kapitalgesellschaften, sonstige Formen

Abbildung 1 gibt einen Aufschluss über die zahlenmäßige Verbreitung von Unternehmen in Deutschland, unterteilt nach Rechtsform und Beschäftigtenzahl.

Rechtsformen	Unternehmen Insgesamt	davon mit ... bis ... sozialversicherungspflichtig Beschäftigten 2010			
		0 bis 9	10 bis 49	50 bis 249	250 und mehr
Einzelunternehmer	2 303 234	2 248 653	52 489	2 004	88
Personengesellschaften (zum Beispiel OHG, KG)	442 031	381 494	46 375	11 648	2 514
Kapitalgesellschaften (GmbH, AG)	632 399	463 211	127 670	33 959	7 559
Sonstige Rechtsformen	242 912	208 044	25 452	7 423	1 993
Insgesamt	3 620 576	3 301 402	251 986	55 034	12 154

Abbildung 1: Unternehmen - Rechtsformen und Größe nach Mitarbeitern, Stand 05/2012
Quelle: Statistisches Bundesamt[22]

Gemäß Angaben des statistischen Bundesamtes existieren in Deutschland 3,62 Millionen Unternehmen. Mit 81% aller Unternehmen hat der Dienstleistungssektor hierbei den Löwenanteil.[23] [24]

---

[21] vgl. Becker (2006), S.9f
[22] Statistisches Bundesamt; DeStatis
(12. Oktober 2012); https://www.destatis.de
[23] vgl. Bundesverband der Dienstleistungsunternehmen; BDD
(12. Oktober 2012); http://www.bdd-online.de
[24] Bundesverband der Dienstleistungswirtschaft; BdWi
(12.Oktober 2012) http://www.bdwi-online.de/

2.2 Ethik – Ein Definitionsansatz

Der Begriff „Ethik" wird im allgemeinen Sprachgebrauch häufig mit dem Begriff „Moral" gleichgesetzt. Während Moral allerdings die „in einer Gruppe oder Organisation tatsächlich geltenden und notfalls erzwingbaren Normen"[25] bezeichnet, beschäftigt sich Ethik mit der Suche nach einer Begründung dieser moralischen Normen.[26]

Alisch und Winter definieren Ethik deshalb als die Wissenschaft vom menschlichen Handeln gemäß der Unterscheidung von gut (sittlich richtig) und böse (sittlich falsch).[27][28] Ethik, als Teildisziplin der praktischen Philosophie, untersucht also die Frage, wie Menschen richtigerweise entscheiden bzw. handeln sollen und kann somit auch als die kritische Hinterfragung herrschender Moral definiert werden.[29][30]

Unterscheiden lässt sich Ethik in folgende 3 Formen:[31]

1. Deskriptive Ethik – beschreibt, mit Hilfe von empirischer Forschung, die ermittelbaren moralischen und ethischen Wert- und Normensysteme innerhalb bestimmter Gesellschaften und Gruppen.[32]

2. Normative Ethik - prüft die bestehende Moral kritisch und gibt begründete und verbindliche Aussagen zu den Prinzipien des richtigen Handelns für Individuen und Organisationen.[33]

3. Metaethik – untersucht die semantische Bedeutung ethischer Aussagen und gibt somit Analysen ethischer Argumentationen.[34] Metaethik kann als die wahre Wissenschaftstheorie der Ethik bezeichnet werden.[35]

Handlungen können hinsichtlich ihrer Ziele oder Folgen ethisch als „gut oder böse" beurteilt werden, man unterscheidet hier das „deontologische Konzept" (Beurteilung hinsichtlich der

---

[25] Berkel; Herzog (1997), S.43
[26] vgl. Berkel; Herzog (1997), S.43
[27] vgl. Alisch, Katrin; Winter, Eggert (2004), S.458
[28] vgl. Göbel (2010), S.14
[29] vgl. Faust (2003), S.18
[30] vgl. Ricken (2003), S.11 ff
[31] vgl. Faust (2003), S.18
[32] vgl. Göbel (2010), S.14
[33] vgl. Göbel (2010), S.15
[34] vgl. Göbel (2010), S.16
[35] vgl. Staffelbach (1994), S.146

Folgen einer Handlung – siehe 2.2.1) und das „teleologische Konzept" (Beurteilung hinsichtlich der Ziele einer Handlung – siehe 2.2.2).[36] Im Folgenden werden die beiden unterschiedlichen Sichtweisen dargestellt:

2.2.1 Ethik - Deontologisches Konzept

Das deontologische Konzept bemisst die Richtigkeit (gut oder böse) einer Handlung nach dem grundliegenden Prinzip dem diese folgt. Es steht hierbei also die Handlungsabsicht im Vordergrund.[37] Richtiges Handeln wird dementsprechend allein nach dem guten Willen beurteilt, auch wenn das Ergebnis der Handlung objektiv eher Schaden anrichtet als Gutes bewirkt,[38] ergo, die Konsequenzen der Befolgung dieses Prinzips schlechter sind als jene der Nichtbefolgung.[39] Übertragen auf den Bereich eines unternehmerischen Handelns bedeutet dies bspw., dass eine Befolgung von Verhaltensnormen auf Grund der Einsicht erfolgt, dass ihre generelle Beachtung vernünftig begründet ist, unabhängig von den im Einzelfall wirtschaftlichen Konsequenzen dieser Befolgung.[40] [41]

Ein Kritikpunkt des deontologischen Konzepts ist darin zu sehen, dass es einem Außenstehenden nicht möglich ist, eine Intention des Handelnden nachzuvollziehen. Erkennbar ist nur das Ergebnis der Handlung, was eine Unterscheidung von moralischem und unmoralischem Handeln unmöglich macht.[42]

2.2.2 Ethik - Teleologisches Konzept

Der teleologische Ansatz beurteilt die Richtigkeit (gut oder böse) einer Handlung hinsichtlich der Folgen und Konsequenzen die sich aus dieser Handlung ergeben.[43] Es werden hier also ausschließlich die Handlungsfolgen betrachtet um Aussagen über die ethische Qualität einer Handlung zu treffen.[44] Diesem Konzept liegt eine Werttheorie zu Grunde, d.h. „eine Vorstellung darüber, welche Konsequenz für sich gesehen einen eigenständigen Wert hat."[45]

---

[36] vgl. Alisch, Katrin; Winter, Eggert (2004); S.458ff
[37] vgl. Höffe (1981), S.65
[38] vgl. Aßländer (2011), S.23
[39] vgl. Birnbacher (1997), S.49
[40] vgl. Hax (1993), S.770
[41] vgl. Faust (2003), S.19
[42] vgl. Aßländer (2011), S.26
[43] vgl. Faust (2003), S.20
[44] vgl. Aßländer (2011), S.27
[45] Faust (2003), S.20

In der Sicht auf den Wert der Konsequenz einer Handlung liegt demzufolge der entscheidende Unterschied zum deontologischen Ansatz begründet.

Als Haupteinwand gegen das teleologische Konzept ist Folgendes anzubringen: „gut" wird als „gut für" verstanden, insofern wird „gut" mit „nützlich" gleichgesetzt. Dies kann zu einer Aufrechnung von Nutzenquanten gegenüber Leidquanten der jeweiligen Betroffenen führen, was dem Sinne ethischer Argumentation nicht gleichkommt.[46] Des Weiteren ist es im teleologischen Ansatz unerheblich „ob großer Nutzen auf einige Wenige oder kleiner Nutzen auf Viele verteilt wird."[47] [48]

2.3 Unternehmensethik - Definition

Die Unternehmensethik ist praxisbezogen, stellt den Überschneidungsbereich zwischen Ethik und Betriebswirtschaft dar [49] und befasst sich mit der „Untersuchung normativer Fragestellungen des wirtschaftlichen Handelns von sowie in Unternehmen."[50]

Definieren lässt sich Unternehmensethik als die Thematisierung des „Verhältnisses von Moral und Gewinn in der Unternehmensführung."[51] Sie befasst sich mit der Frage, „wie moralische Normen und Ideale unter den Bedingungen der modernen Wirtschaft von den Unternehmen zur Geltung gebracht werden können."[52]

Aus dieser Definition geht ein Konflikt zwischen der vom Unternehmen anzustrebenden Gewinnmaximierung und existierenden moralischen Ansprüchen hervor. In Frage gestellt wird hierbei nicht der erzielte Gewinn an sich, es unterliegt viel mehr einer ethischen Analyse, wie der Gewinn erwirtschaftet wurde und wofür er verwendet wird.[53] Maßgebliche Betrachtungsmerkmale einer solchen Analyse stellen Kriterien wie Gerechtigkeit, Vernunft, Angemessenheit und Menschlichkeit dar.[54]

---

[46] vgl. Faust (2003), S.20
[47] Faust (2003), S.20
[48] vgl. Höffe (1981), S.57
[49] vgl. Kunze (2008), S.106
[50] Küpper (2006), S.29
[51] Homann; Blome-Drees (1992), S.117
[52] Homann; Blome-Drees (1992), S.117
[53] vgl. Kunze (2008), S.106
[54] vgl. Leisinger (1997), S.19

2.3.1 Unternehmensethik – Ziele

Das primäre Ziel der Unternehmensethik ist zunächst die Generierung eines nachhaltigen und im ethischen Sinne vertretbaren Erfolges und somit letztendlich der Erhalt und die positive Entwicklung des Unternehmens.[55] [56]

Kunze unterteilt die weiteren Ziele der Unternehmensethik in 4 Themenbereiche:[57]

1. Kultur- und verfassungsbezogene Ziele

Diese stehen in Zusammenhang mit „der verbindlichen Kodifizierung von Werten und Haltungen."[58] Das Ziel hier ist die Erstellung von vom Unternehmen verbindlich in Kraft zu setzende Normen, meist Kodizes, denen eine Verständigung mit den „vom unternehmerischen Handeln betroffenen Menschen"[59] zu Grunde liegt. Gesetzliche Normen sollen so eingehalten und durch unternehmenseigene Regelungen ergänzt werden.[60] Des Weiteren verfolgt eine unternehmenseigene Kodifizierung von Werten das unternehmensinnenpolitische Ziel der Bildung eines Gemeinschaftsbewusstseins, was eine nachhaltige Aufwertung der Identifikation, Loyalität, Leistungs- und Kooperationsbereitschaft zur positiven Folge hat.[61]

2. Gesellschafts- und reputationsbezogene Ziele

Als solche Ziele sieht Vahrenholt vor allem den Umweltschutz, kulturelles und soziales Engagement, Schutz und Wahrung der Menschenrechte, technische Entwicklung und Transparenz im Unternehmen.[62] Diese Ziele sind ausgerichtet auf die Umwelt des Unternehmens und bestehen zum einen aus ernsthaft verfolgten moralischen Motiven, zum anderen dienen sie dem Ziel das Unternehmen zu einer positiven und marketingwirksamen Außendarstellung zu führen.[63]

---

[55] vgl. Kunze (2008), S.110
[56] vgl. Schmidt (2001), S.210
[57] vgl. Kunze (2008), S.112ff
[58] Kunze (2008), S.112
[59] Leisinger (1997), S.18
[60] vgl. Noll (2002), S.107
[61] vgl. Dietzfelbinger (2002), S.153
[62] vgl. Vahrenholt (2000), S.33
[63] vgl. Kunze (2008), S.113

Eine Befolgung dieser Ziele hat eine vertrauensbildende Außenwirkung zur positiven Folge und stärkt die Glaubwürdigkeit des Unternehmens.[64]

3. Individuen- und anreizbezogene Ziele

Diese beziehen sich direkt auf die Werte der Charaktere von Mitarbeitern und Führungskräften im Unternehmen und streben gegebenenfalls eine gezielte Veränderung dieser Charakterwerte, also der inneren Einstellung der Mitarbeiter, an.[65] Konkret lassen sich hier Maßnahmen zur Förderung von fachlicher und sozialer Kompetenz, die Vermittlung moralischer Grundlagen und ein analytischer Umgang mit Konfliktsituationen nennen.[66] Der Firmenangehörige soll hierdurch, auch gefördert durch Anreize, eine Bereitschaft und Fähigkeit zum moralischen Handeln entwickeln.[67] Solche Anreize können monetären und sachlichen Charakter haben, aber auch die Karriereplanung und ggf. Beförderungen betreffen.[68] Eine Befolgung dieser Ziele führt zu einer Verbesserung der Integrität im Geschäftsleben, zu einer Abschwächung von Spannungen und zu einer Vermeidung von unbewussten moralischen Verstößen aufgrund von Informationsmangel.[69]

4. Präventionsbezogene Ziele

Das Ziel hierbei ist eine Vermeidung von Vermögens- und Reputationsverlusten. Betreffende Maßnahmen sind die Implementierung von unternehmenseigenen Richtlinien gegen kriminelles und unmoralisches Handeln, die Kommunikation dieser Richtlinien an die Mitarbeiter, eine Kontrolle der Einhaltung und eine Ahndung von Verstößen gegen diese Richtlinien.[70]

Aus den genannten Zielen der Unternehmensethik geht hervor, dass eine Erfüllung dieser Ziele nur unter Rücksichtnahme auf vom Unternehmen betroffene Anspruchsgruppen, neudeutsch Stakeholder, erfolgen kann. Das folgende Kapitel gibt einen Überblick über diese Stakeholder.

---

[64] vgl. Kunze (2008), S.114
[65] vgl. Kunze (2008), S.114
[66] vgl. Fassbender-Wynands (2001), S.76
[67] vgl. Wieland (2004), S.9
[68] vgl. Kunze (2008), S.116
[69] vgl. Wissenswert; Uni-Hamburg
 (12. Oktober 2012); http://www.uni-hamburg.de
[70] vgl. Kunze (2008), S.116

3. Stakeholder und ihre Stellung in der Unternehmensethik

Adressaten einer Unternehmensethik sind die Anspruchsgruppen (Stakeholder) des Unternehmens, die von den Geschäftsaktivitäten (un)mittelbar betroffen sind.[71] In den folgenden Kapiteln wird erklärt, wer diese Anspruchsgruppen sind und wie man ihren Ansprüchen mit Hilfe eines Stakeholdermanagements gerecht werden kann.

3.1 Stakeholder – Wer ist das?

Freeman definiert die Stakeholder eines Unternehmens als alle Personen, Gruppen und Organisationen, die Unternehmensziele beeinflussen können oder durch ein Erreichen dieser Ziele selbst beeinflusst werden.[72] Crane und Matten präzisieren Freemans Ansatz in ihrer Definition: Ein Stakeholder eines Unternehmens ist jedes Individuum (auch Gruppierungen), welches von diesem Unternehmen geschädigt werden bzw. welches von dem Unternehmen profitieren kann oder deren Rechte vom Unternehmen verletzt werden können bzw. vom Unternehmen respektiert werden müssen.[73] Abbildung 2 zeigt die möglichen Stakeholder eines Unternehmens auf.[74]

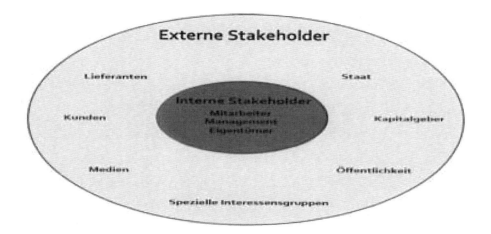

Abbildung 2: Stakeholder eines Unternehmens
Quelle: Eigene Darstellung in Anlehnung an Riede

---

[71] vgl. Müller (2009), S.115
[72] vgl. Freeman (2004), S.228ff
[73] vgl. Crane; Mattern; (2004), S.50
[74] vgl. Riede (2012) S.26

Freeman wie auch Zaremba unterteilen die Anspruchsgruppen eines Unternehmens in externe und interne Stakeholder. Während die internen Stakeholder direkt im zentralen System des Unternehmens stehen, befinden sich die externen Stakeholder dem Namen entsprechend im äußeren Umfeld des Unternehmens.[75] Unter „Speziellen Interessengruppen" als externe Stakeholder sind Organisationen zu verstehen, die im gesellschaftlichen und politischen Bereich aktiv sind, aber keine staatlichen Organe darstellen. Solche Organisationen, NGO genannt, können bspw. im Umwelt- und Verbraucherschutz tätig sein.[76]

3.2 Stakeholdermanagement

Die Anwendung eines Stakeholdermanagements dient der Qualitätsverbesserung von Beziehungen des Unternehmens zu seinem Umfeld. Wieland sieht darin eine schwierige Aufgabe, die ein „erhebliches Maß an Anstrengung, Fähigkeiten und Planung erfordert."[77] De Colles Ansatz für ein Stakeholdermanagent definiert diese Anstrengung mit der Vorgabe eines 10 Punkte Modells für die Planung des Umgangs mit den Anspruchsgruppen eines Unternehmens:[78]

1. Identifikation der Stakeholder
Ermittlung und Ausarbeitung aller am Unternehmen beteiligten bzw. aller vom Unternehmen betroffenen Personen und Gruppen.

2. Beurteilung der Ansprüche
Ermittlung und Bewertung von Ansprüchen der jeweiligen Stakeholder.

3. Ermittlung der Unternehmenswerte und bestehender Verpflichtungen
Bestimmung und Anpassung der Wertvorstellungen des Unternehmens sowie Definition von zu den Werten im Widerspruch stehenden Ansprüchen der Stakeholder und Berücksichtigung bestehender Verpflichtungen gegenüber den Anspruchsgruppen.

4. Festlegung der Prioritäten
Entscheidung über die Signifikanz der unterschiedlichen Stakeholder-Ansprüche aufgrund festzulegender Kriterien und Einstufung in Prioritäten bspw. nach „Macht" der Anspruchsgruppe oder nach „Interesse" für das Unternehmen.

---

[75] vgl. Freeman (2004), S.228ff
[76] vgl. Schuppisser (2003), S.4
[77] vgl. Wieland (2004), S.546
[78] vgl. de Colle (2010), S.311ff

5. Entwicklung von Strategien

Entwicklung potentieller praktischer Lösungen zugeschnitten auf die Ansprüche der Stakeholder.

6. Festsetzung von Zielen

Festlegung des zu erreichenden Status.

7. Messung der Leistung

Ermittlung des Fortschrittes in Bezug auf die Zielerreichung.

8. Kommunikation und Berichterstattung

Publizieren der getätigten Maßnahmen.

9. Überprüfung der Verpflichtungen und Strategien

Überprüfung der ursprünglichen Haltung des Unternehmens in Bezug auf ein spezifisches Problem sowie Revision der Unternehmensstrategien auf neue Standpunkte.

10. Andauerndes Engagement

Auseinandersetzung des Unternehmens mit seinen Stakeholdern in jeder Phase des Prozesses.

Wieland und de Colle verweisen darauf, dass diese 10 Schritte von jedem Unternehmen speziell auf seine Anforderungen im Umgang mit den betroffenen Stakeholdern abgestimmt werden sollten, die Abfolge der 10 Schritte variabel ist und für jeden Schritt die jeweilige Bedeutung bestimmt werden muss.[79]

---

[79] vgl. Wieland (2004), S.550

4. Corporate Social Responsibility als Schlüsselbegriff der Unternehmensethik

Gabler bezeichnet Corporate Social Responsibility (CSR) als den Schlüsselbegriff der Unternehmensethik.[80] CSR greift hierbei die Frage nach der gesellschaftlichen Verantwortung des Unternehmens im ethischen Sinne auf.[81] [82] Müller und Schaltegger bezeichnen CSR deswegen auch als ein „Konzept, das Unternehmen als Grundlage dient, auf freiwilliger Basis soziale Belange und Umweltbelange in ihre Unternehmenstätigkeit und in die Wechselbeziehungen mit den Stakeholdern zu integrieren."[83]

Spricht man in der Literatur oder in der öffentlichen Fachdiskussion von Corporate Social Responsibility, meint man häufig auch Corporate Citizenship (CC), Corporate Governance (CG) oder Corporate Sustainability (CS). Abgrenzungen zu diesen Begriffen bleiben in der Fachliteratur häufig unklar und Definitionen überschneiden sich.[84] Vor allem in Deutschland hat sich CSR als Oberbegriff für ein ethisches Handeln des Unternehmens eingebürgert. Ethisches Handeln umschreibt hierbei die Verantwortung, die ein Unternehmen gegenüber seiner Gesellschaft übernimmt sowie auch seine diesbezüglichen Aktivitäten. Folgende Abbildung demonstriert das System der CSR.

Abbildung 3: System der Corporate Social Responsibility
Quelle: Eigene Darstellung in Anlehnung an Bassen, Jastram, Meyer[85]

---

[80] vgl. Pieckenbrock (2010), S.85
[81] vgl. Schindler; Liller (2012), S.410
[82] vgl. Klein (2012), S.50
[83] Europa – Zusammenfassung der EU-Gesetzgebung
(12. Oktober 2012) http://europa.eu
[84] vgl. Müller; Schaltegger (2008), S.17f
[85] vgl. Bassen; Jastram; Meyer (2005), S.235

Es lässt sich erkennen, dass das System der ethischen unternehmerischen Verantwortung auf einem 3-Säulen-Modell aufgebaut ist. Die 3 Bestandteile dieses Modells sind neben der sozialen und ökologischen Komponente auch die der Ökonomie.[86] Glombitza gibt dazu an, dass keine dieser 3 Dimensionen unabhängig von den anderen anzusehen ist und zwischen den verschiedenen Säulen Wechselwirkungen bestehen.[87]

Kapitel 4.1 bis 4.3 dieses Buches stellen Definitionsansätze zu den Begriffen CC, CS und CG vor. Diese Begriffe beziehen sich auf eine oder mehrere Säulen des Modells und dienen des Weiteren der Erklärung des Schlüsselbegriffs „CSR".

4.1 Corporate Citizenship (CC)

CC beschreibt ein Engagement des Unternehmens, welches über seine herkömmliche Geschäftätigkeit hinausgeht und der Lösung sozialer Probleme im direkten Umfeld des Unternehmens dienen soll. Ein solches Engagement kann sich bspw. durch Sponsoring, Spenden oder gemeinnützige Stiftungen ausdrücken.[88] Mit CC-Aktivitäten soll neben einem Nutzen für das Gemeinwesen auch ein Imagegewinn für das Unternehmen erreicht werden. Hierzu bedarf es bei CC einer bewussten und zielgerichteten Kommunikation der sozialen Aktivitäten gegenüber den Zielgruppen.[89]

4.2 Corporate Sustainability (CS)

Im Deutschen als unternehmerische Nachhaltigkeit bezeichnet,[90] berücksichtigt CS u.a. auch die Überlebensfähigkeit des Öko-Systems.[91] Im Fokus steht hierbei ein verantwortungsvolles Haushalten mit nichterneuerbaren natürlichen Ressourcen.[92] Des Weiteren respektiert CS die Gesellschaft, deren Kulturkreise und achtet, mit einer fokussierten dauerhaften Fortführung

---

[86] vgl. Schmied; Götz; Kreilkamp; Buchert; Hellwig (2009), S.24
[87] vgl. Glombitza (2012), S.24
[88] vgl. Boms (2008), S.69
[89] vgl. Tropp (2011), S.481
[90] vgl. Bulmann (2007), S.8
[91] vgl. Zirnig (2009), S.11
[92] vgl. Bulmann (2007), S.8

der Unternehmenstätigkeit, auch auf die Funktionsfähigkeit des Wirtschaftsraumes.[93] CS umschreibt hierbei nicht nur eine Verantwortung gegenüber den Stakeholdern des Unternehmens sondern auch ein Pflichtbewusstsein des Unternehmens gegenüber der gesamten Menschheit und deren zukünftigen Generationen.[94]

4.3 Corporate Governance (CG)

CG umschreibt ein verantwortungsbewusstes Führen und Überwachen des eigenen Unternehmens.[95] Dörner bezeichnet CG in diesem Sinne auch als Verfassung des Unternehmens,[96] die dessen rechtlichen und faktischen Ordnungsrahmen bildet.[97] CG stellt dementsprechend also auch eine Kontrolle der Unternehmenstätigkeit dar, hierunter ist vor allem die Überwachung von Entscheidungsmaßstäben und Verhaltensempfehlungen für die jeweiligen Organe des Unternehmens (interne CG) zu verstehen, aber auch eine Kontrolle der Beziehungen des Unternehmens zu seinen Share- und Stakeholdern (externe CG).[98]

4.4 Kernthemen im Bereich der CSR

Bleibt man bei der in der deutschsprachigen Fachliteratur allgemein verankerten Ansicht und sieht CSR somit als Oberbegriff für nachhaltige Aktivitäten eines Unternehmens[99], so lassen sich als zu beachtende Themen im Bereich des CSR die folgenden nennen: Menschenrechte & Arbeitsbedingungen, Umweltschutz, Verbraucherschutz, ein faires unternehmerisches Handeln und soziales Engagement.[100] In den nachfolgenden Kapiteln wird auf diese CSR-Kernthemen eingegangen, wobei das Augenmerk vornehmlich auf die Erkenntnisse Hardtkes gerichtet wird.

---

[93] vgl. Elkington (2007), S.133
[94] vgl. Bassen; Jastram; Meyer (2005), S.234
[95] vgl. Werder; Hommelhoff; Hopt (2009) S.4ff
[96] vgl. Dörner; Orth (2005), S.3
[97] vgl. Werder (2006) S.1137
[98] vgl. Kirchwehm (2010), S.6
[99] vgl. Baumgartner; Biedermann (2007), S.40f
[100] vgl. Hardtke; Kleinfeld (2010), S.103ff

4.4.1 Menschenrechte und Arbeitsbedingungen

„Kinderarbeit bei Samsung"[101], „Autos auf Kosten der Menschenrechte"[102], „EM-Sponsoren klammern Menschenrechte aus" [103], „Unmenschliche Arbeitsbedingungen bei Paketzusteller"[104], „Merkel in China – Wirtschaftsbeziehungen statt Menschenrechte."[105] Dies sind Schlagzeilen die in den vergangenen Wochen in den Medien zu finden waren und gerade diese beweisen die Dringlichkeit der Thematik um Menschenrechte und Arbeitsbedingungen im Bereich der CSR.

Keinert sieht in der CSR eine weitreichende menschenrechtliche Relevanz und begründet dies vor allem mit der internationalen Wirtschaftstätigkeit der Unternehmen und deren weltweiten Supply-Chains.[106] Auch für Schauder schließt CSR eine Überprüfung der Supply-Chains mit ein, also auch eine Kontrolle der globalen Lieferanten und Vertragspartner auf Einhaltung von international anerkannten Mindeststandards im Bereich der Menschenrechte und Arbeitsbedingungen.[107]

Solche Mindeststandards schreiben bspw. Verbote von Kinderarbeit vor. Gerade in diesem Bereich müssen vor allem die Lieferanten aus Ländern der Dritten Welt unter die Lupe genommen werden. Abbildung 4 gibt einen Überblick über die weltweite Verbreitung von Kinderarbeit.

---

[101] Spiegel Online
(12. Oktober 2012); http://www.spiegel.de
[102] Frankfurter Rundschau Online
(12. Oktober 2012); http://www.fr-online.de
[103] Berliner Zeitung
(12. Oktober 2012); http://www.berliner-zeitung.de
[104] Focus Online
(12. Oktober 2012); http://www.focus.de
[105] Tagesspiegel Online
(12. Oktober 2012); http://www.tagesspiegel.de
[106] vgl. Keinert (2008), S.75f
[107] vgl Lukatsch (2010), S.34

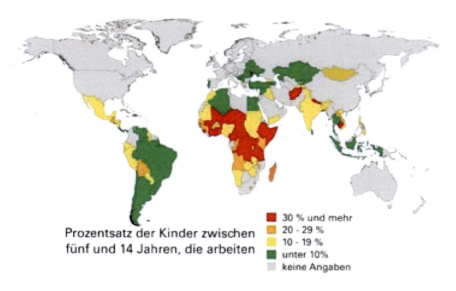

Abbildung 4: Kinderarbeit weltweit
Quelle: Unicef

Die Grafik zeigt, dass der Anteil an arbeitenden Kindern gerade in den so genannten Billiglohnländern enorm hoch ist. China, Exportweltmeister 2011,[108] veröffentlicht keine Zahlen zu seiner nationalen Verbreitung von Kinderarbeit, NGO sprechen bei China von 6% der unter 14 jährigen, also 18 Millionen arbeitenden Kinder.[109]

Als weitere Punkte in denen ein CSR-orientiertes Unternehmen im Bereich der Menschenrechte und Arbeitsbedingungen tätig werden muss, seien hier die Unterbindung von Zwangsarbeit, die Anerkennung des Rechts auf gewerkschaftliche Betätigung der Beschäftigten und ein Ausschließen von Diskriminierungen in Bezug auf Beschäftigung und Beruf, worunter auch die Gleichberechtigung der Geschlechter fällt, zu nennen.[110]

Aktivitäten der CSR dürfen sich in Bezug auf die Einhaltung von Menschenrechten nicht nur auf etwaige Geld- und Sachspenden an Hilfsorganisationen oder die Unterstützung karitativer Projekte seitens des

---

[108] vgl. N-TV
(12. Oktober 2012); http://www.n-tv.de
[109] vgl. Earthlink EV – Aktiv gegen Kinderarbeit
(12. Oktober 2012); http://www.aktiv-gegen-kinderarbeit.de
[110] vgl. UN Global Compact – Praxisratgeber
(12. Oktober 2012) http://www.unglobalcompact.org

Unternehmens beschränken. Viel mehr wird von einem CSR-orientierten Unternehmen verlangt, dass es intern tätig wird, Verstöße aufdeckt und beseitigt, sei es im eigenen Unternehmen oder in Unternehmen, die mit dem eigenen in geschäftlicher Beziehung stehen.[111]

Hardtke gibt im Umgang mit Menschenrechten und Arbeitsbedingungen die Handlungsempfehlung, dass nationale Gesetze vom Unternehmen eingehalten werden müssen, unabhängig davon ob sie auch von den betreffenden nationalen Behörden eingehalten werden. Wo nationale Gesetze nicht existieren oder qualitativ unterhalb der internationalen Rechtsnormen liegen, müssen diese internationalen Rechtsnormen respektiert werden. Steht nationales Recht im Konflikt zu Prinzipien der internationalen Rechtsnormen, „sollte der Geist der internationalen Menschenrechtsnormen die Grundlage für unternehmerisches Handeln sein". [112] [113]

In diesem Bereich wurde in den letzten Jahren besonders die Textilindustrie kritisiert. Die Bundeszentrale für politische Bildung gibt an, dass gerade in diesem Sektor „internationale Menschen- und Arbeitsrechte mit den Füßen getreten werden."[114] In China bspw. verstoßen 25% der Textilunternehmen selbst gegen die unter dem internationalen Standard liegenden, landeseigenen Gesetze des Menschen- und Arbeitsrechts.[115] Vergütungen unterhalb der nationalen Mindestlöhne, Wochenarbeitszeiten von über 70 Stunden, keinerlei Urlaubsanspruch, gefängnisähnliche Bedingungen, Kinderarbeit sowie finanzielle Strafen bei Nichteinhaltung der Zeitverträge oder bei Krankheitstagen sind weit verbreitet.[116] Anzumerken ist hierbei, dass eine Verantwortung für die dortigen Arbeitsverhältnisse vor allem auch bei den westlichen Auftraggebern liegen sollte, denen eine Überwachung ihrer Produktionsstätten in den Billiglohnländern obliegt. In den Blickpunkt sind hier auch

---

[111] vgl. Schneider; Schmidtpeter (2012), S.765
[112] vgl. Hardtke; Kleinfeld (2010), S.119
[113] Hardtke; Kleinfeld (2010), S.119
[114] vgl. Bundeszentrale für politische Bildung – bpb
 (12. Oktober 2012); http://www.bpb.de
[115] vgl. Spiegel Online
 (12. Oktober 2012); http://www.spiegel.de
[116] vgl. Bundeszentrale für politische Bildung
 (12. Oktober 2012); http://www.bpb.de

bekannte Markenhersteller wie H&M,[117] GAP,[118] Esprit,[119] C&A[120] und Ralph Lauren[121] geraten. Ausnahmslos alle diese Unternehmen publizieren jährliche Nachhaltigkeitsberichte, die ihre Tätigkeiten im Bereich der ethischen Unternehmensverantwortung hervorheben sollen.[122] Nachweisliche Verbesserungen bleiben jedoch aus.[123]

4.4.2 Umweltschutz

Der Umweltschutz muss von jedem verantwortungsbewussten Unternehmen berücksichtigt und vorangetrieben werden.[124] Das Bundesministerium für Umwelt gibt für diese ökologische Dimension des CSR vor allem 3 Handlungsfelder an, namentlich der betriebliche Umweltschutz, Umweltschutz bei Geschäftspartnern und eine umweltverträgliche Produktgestaltung.[125]

Kirchhoff sieht in einem umweltbewussten Verhalten von Unternehmen die Möglichkeit zu einem Reputationsgewinn, eine Minderung finanzieller Risiken im Zusammenhang mit Unfällen bzw. daraus resultierender Rechtsstreitigkeiten und auch Wettbewerbsvorteile, die durch eine frühzeitige Einstellung auf bevorstehende umweltrechtliche Vorschriften entstehen können.[126] Die unternehmerische Handhabung in Fragen des Umweltschutzes kann einen nicht zu unterschätzenden Einfluss auf Märkte, Produkte und Leistungen haben. Solche Fragen des Umweltschutzes betreffen insbesondere Themen wie Klimawandel, Luft- und Wasserverschmutzung, Abfälle und die Bedrohung der Artenvielfalt.[127]

Die Signifikanz des Umweltschutzes beweist eine zu diesem Thema veranlasste Umfrage der Europäischen Kommission. Im Rahmen dieser Erhebung wurden ca. 27000 Bürger der 27

---

[117] vgl. ARD-Mediathek – Der H&M Check
(12. Oktober 2012); http://www.ardmediathek.de
[118] vgl. Spiegel Online
(12. Oktober 2012); http://www.spiegel.de
[119] vgl. Stern Online
(12. Oktober 2012); http://www.stern.de
[120] vgl. WDR Monitor – Verdammt hoher Preis
(12. Oktober 2012); http://www.wdr.de
[121] vgl. NBC NEWS Online
(12. Oktober 2012); http://www.msnbc.msn.com
[122] vgl. Zeit Online
(12. Oktober 2012); http://www.zeit.de
[123] vgl. Handelsblatt Online
(12. Oktober 2012); http://www.handelsblatt.com
[124] vgl. Müller-Christ; Rehm (2010), S.18
[125] vgl. Bundesministerium für Umwelt
(12. Oktober 2012); http://www. Bmu.de
[126] vgl. Kirchhoff (2006), S.16
[127] vgl. Hardtke; Kleinfeld (2010), S.157

EU-Mitgliedsstaaten zu ihrer Einstellung im Bereich des Umweltschutzes interviewt. Hierbei gaben 96% der Befragten an, dass der Schutz der Umwelt für sie persönlich ein wichtiges Thema darstelle. Mit 78% empfindet ein Großteil der Interviewten, dass sich Umweltprobleme unmittelbar auf ihr tägliches Leben auswirken würden. Die Umfrage beweist auch, dass die EU-Bürger vor allem Unternehmen in der Pflicht eines aktiven Umweltschutzes sehen, wie Abbildung 5 demonstriert.[128]

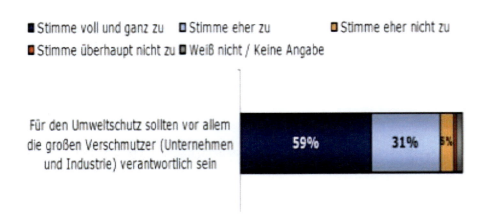

Abbildung 5: Einstellung der EU-Bürger zum Thema Verantwortung im Umweltschutz
Quelle: Europäische Komission

Hier geben 90% der Umfrage-Teilnehmer an, dass Unternehmen und Industrie in einer besonderen Verantwortung in Bezug auf Umweltschutz stehen. Eine weitere Untersuchung zeigt auf, dass 79% der Befragten der Meinung sind, Unternehmen würden in diesem Bereich nicht ausreichend tätig.[129]

Hardtke gibt an, dass CSR und ein damit verbundenes nachhaltiges Wirtschaften ein geeignetes Konzept darstellt, um dieser von der Gesellschaft geforderten Unternehmensverantwortung gerecht zu werden.[130] Als vom Unternehmen zu treffende Maßnahmen sind hier bspw. die Errichtung eines Umweltmanagementsystems, eine Reduzierung der Material-

---

[128] vgl. Europäische Kommission
(12. Oktober 2012); http://ec.europa.eu
[129] vgl. Europäische Kommission
(12. Oktober 2012); http://ec.europa.eu
[130] vgl. Hardtke; Kleinfeld (2010), S.157

und Energieintensität und die Maximierung des Einsatzes von erneuerbaren Energien zu nennen.[131]

Als eine der größten Umweltverschmutzungen und ein daraus resultierendes Versagen der unternehmerischen Verantwortung im ethischen Sinne der CSR, sei hier das Beispiel von BP und dem Unglück am Golf von Mexiko genannt. Eine Aufarbeitung des Vorfalls ergab, dass BP bereits vor dem Unfall gegen Auflagen eines Umweltmanagementsystems verstoßen hatte. Da BP das Unfallrisiko in dieser Region als „vernachlässigbar" einschätzte, wurden nicht alle nötigen Sicherheitsvorkehrungen getroffen. Obwohl bereits bei ersten Bohrungen Probleme ungewöhnlich großen Ausmaßes auftraten, wurde der Vorfall als Routineereignis gewertet. Nach der Bohrung wurden beim Verschluss des Bohrloches Sicherheitsforderungen der beteiligten Vertragspartner nicht erfüllt, eine Endkontrolle der Arbeiten fand nicht statt.[132]

Bei diesem Vorfall liefen 780 Millionen Liter Rohöl in das Meer vor der Küste der USA.[133] Der BP-Chef Hayward spricht dabei 3 Wochen nach dem Unfall von einem relativ winzigen Ölteppich im Vergleich zu einem riesigen Ozean.[134] Eine, von der US-Justizbehörde vorgeworfene und nach Sachlage bestätigte, grobe Fahrlässigkeit sowie mutwilliges Fehlverhalten und das Fehlen sozialer Verantwortung[135], streitet BP, ein Unternehmen das ansonsten häufig auf seine CSR-Aktivitäten verweist, ab.[136]

4.4.3 Faires unternehmerisches Handeln

Nicht erst seit dem Siemens-Skandal[137] oder seit Bekanntwerden von Preisabsprachen unter Schienenherstellern[138] stehen die Einhaltung fairer Unternehmenspraktiken im Fokus der CSR. Begrenzt ist dies nicht auf das eigene Werksgelände und auf Beziehungen zu

---

[131] vgl. Hardtke; Kleinfeld (2010), S.170 ff
[132] vgl. Spiegel Online
 (12. Oktober 2012); http://www.spiegel.de
[133] vgl. Zeit Online
 (12. Oktober 2012); http://www.zeit.de
[134] vgl. Blick Online
 (12. Oktober 2012) ; http://www.blick.ch
[135] vgl. Spiegel Online (12. Oktober 2012); http://www.spiegel.de
[136] vgl. Taz Online
 (12. Oktober 2012); http://www.taz.de
[137] vgl. Stern Online
 (12. Oktober 2012); http://www.stern.de
[138] vgl. Sueddeutsche Zeitung Online
 (12. Oktober 2012); http://www.sueddeutsche.de

Anteilseignern. Auch der Umgang des Unternehmens mit seinen Wettbewerbern steht hier auf dem Prüfstand.[139]

Jonker sieht vor allem in der Korruptionsbekämpfung ein grundlegendes Element in den CSR-Aktivitäten eines Unternehmens.[140] Bei einer Umfrage nach der Bereichskonzentration von CSR-Aktivitäten gaben 85% der befragten Vertreter aller DAX 30 Unternehmen an, der Bereich der Korruptionsbekämpfung sei hier zu fokussieren.[141] Abbildung 6 demonstriert die Signifikanz dieses Themas:

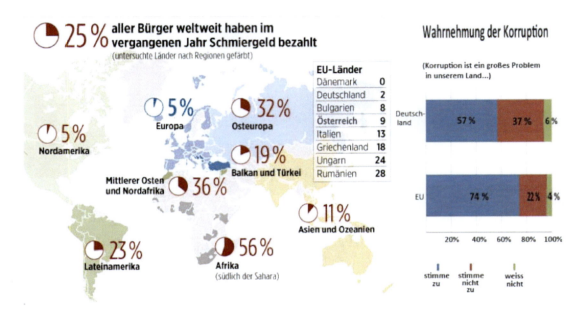

Abbildung 6: Verbreitung und Wahrnehmung der Korruption 2011
Quelle: Eigene Darstellung in Anlehnung an Transparency International

Laut einer Veröffentlichung von Transparency International war im Jahr 2011 weltweit jeder 4. Bürger an einem Korruptionsfall beteiligt.[142] Obwohl es im globalen Vergleich in europäischen Ländern zu weitaus weniger Bestechungsfällen kam, geben in Deutschland 57%

---

[139] vgl. Unterlöhner (2005), S.144
[140] vgl. Jonker; Stark; Tewes (2011), S.131
[141] vgl. Schneider; Schmidpeter (2012), S.345
[142] vgl. Transparency International
   (12. Oktober 2012); http://www.transparency.org

der Befragten einer Studie an, dass Korruption ein großes Problem innerhalb Deutschlands darstelle.[143]

Als CSR-Richtlinie zur Bekämpfung und Prävention von Korruptionsfällen gibt die Anti-Korruptions-Organisation Transparency International an, dass vom Unternehmen ein Programm zu entwickeln ist, welches klar und im Detail die Werte, Strategien und Verfahrensweisen des Unternehmens zur Verhinderung von Korruption beschreibt. Dieses Programm muss mit allen Gesetzen zur Korruptionsbekämpfung übereinstimmen und in die Entwicklung des Programms sollen Arbeitnehmer, Gewerkschaften und sonstige Arbeitnehmervertretungen mit einbezogen werden. Alle in Betracht kommenden Partner müssen über die Gesichtspunkte des Unternehmens informiert werden und im Gegenzug muss das Unternehmen über alle wesentlichen Gesichtspunkte dieser Partner informiert werden.[144]
In diesem
Programm ist gemäß Homann auch eine Ordnungsverantwortung des Unternehmens begründet, die über unternehmensinterne Bereiche hinausgehe und die Zusammenarbeit in Ordnungsfragen mit allen beteiligten Stakeholdern umfasse.[145]

Eisenblätter sieht weitere Problemfelder im Bereich eines fairen unternehmerischen Handelns in einer verantwortungsbewussten politischen Mitwirkung des Unternehmens, in der Förderung eines fairen Wettbewerbs und in der Respektierung von materiellen und geistigen Eigentumsrechten.[146]

4.4.4 Verbraucherschutz

Den Verbrauchern kommt im Bereich der CSR große Aufmerksamkeit zugute, stellen sie doch eine der wichtigsten Stakeholder-Gruppen des Unternehmens dar. Es gilt hierbei dem Verbraucher das Gefühl zu vermitteln, mit ruhigem Gewissen Produkte des Unternehmens kaufen zu können. Bei dieser Vermittlung soll auch auf CSR-Aktivitäten in den anderen genannten Kernthemen hingewiesen werden.[147]

---

[143] vgl. Transparency International
(12. Oktober 2012); http://www.transparency.org
[144] vgl. Hardtke; Kleinfeld (2010), S.226
[145] vgl. Wittenbergzentrum für globale Ethik
(12. Oktober 2012); http://www.wcge.org
[146] vgl. Eisenblätter (2010); S.219
[147] vgl. Hardtke; Kleinfeld (2010), S.189

Eine angewandte CSR im Bereich des Verbraucherschutzes verlangt zunächst faire Marketing- und Vertragspraktiken sowie eine korrekte Versorgung des Verbrauchers mit Informationen zu dem jeweiligen Produkt. Als weitere Punkte sind hier der Gesundheitsschutz, die Sicherheit des Verbrauchers, ein kundenfreundlicher After-Sales-Service, der Datenschutz und ein Schutz der Privatsphäre zu nennen.[148]

Das Hauptziel muss sein, dem Verbraucher eine Transparenz über die Produkte, deren Herkunft, Produktionsmethoden und Gebrauchseigenschaften zu gewährleisten. CSR orientierte Unternehmen zeichnen sich hierbei dadurch aus, dass sie dem Verbraucher relevante Daten zu ihren Produkten zur Verfügung stellen. Solche Daten können u.a. Verbrauchswerte (z.B. bei Elektrogeräten) oder Inhaltsstoffe (z.B. bei Lebensmitteln) sein.[149] Wie wichtig dem Verbraucher diese Transparenz ist und wie sehr sich CSR-orientierte Unternehmen hier noch verbessern müssen zeigt Abbildung 7. Dargestellt wird dabei das Ergebnis einer Verbraucherbefragung zu ihrem Vertrauen in Produkte bzw. Unternehmen.[150]

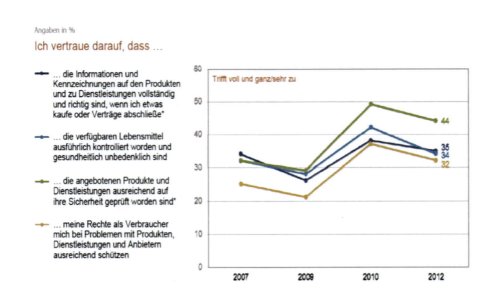

Abbildung 7: Konsumentenvertrauen in Deutschland

Quelle: GFK Verbrauchermonitor

---

[148] vgl. Hardtke ; Kleinfeld (2010), S.203ff
[149] vgl. Bundesministerium für Arbeit und Soziales – CSR in Deutschland
 (12. Oktober 2012); http://www.csr-in-deutschland.de
[150] vgl. Gesellschaft für Konsumforschung
 (12. Oktober 2012); http://www.vis.bayern.de

Die Grafik zeigt, dass das Konsumentenvertrauen in den Jahren von 2010 bis 2012 rückläufig ist. Am deutlichsten gesunken ist das Vertrauen in die Lebensmittelindustrie. Negative Treiber hierfür sind die zahlreichen Skandale der letzten Jahre[151], wie beispielsweise mit dem EHEC-Erreger verunreinigte Sprossen[152] oder Dioxin in der Nahrungskette.[153]

Ein großes Problem beim Kernthema Verbraucherschutz sind auch falsche Werbeaussagen der Lebensmittelhersteller, die zu einem Misstrauen seitens der Verbraucher beitragen. Oft werden Lebensmitteln in der Werbebotschaft positive Eigenschaften nachgesagt, die so nicht belegt sind.[154] So bewirbt bspw. Unilever seine Margarine „Becel pro.activ" als Produkt, das dank zugesetzter hochwirksamer Pflanzensterine nachweislich den Cholesterinspiegel senkt und damit Herzgefäßerkrankungen vorbeugen soll.[155] Unabhängige Ernährungswissenschaftler erforschten jedoch genau das Gegenteil, Pflanzensterine können Gefäßablagerungen verursachen und erhöhen somit das Risiko von Herzkrankheiten.[156] Die Reihe solcher falschen oder irreführenden Werbeaussagen ist lang,[157] weswegen es nicht verwunderlich ist, dass eine Mehrheit der Verbraucher gerade in diesem Bereich das Vertrauen in die Unternehmen verloren hat.

4.4.5 Soziales Engagement

Soziales Engagement fällt eindeutig in den Bereich der Corporate Citizenship als Teilaspekt von CSR. Darunter zu verstehen ist eine Zusammenfassung aller Unternehmensaktivitäten, die das Gemeinwesen betreffen und eine strategische Ausrichtung dieser Aktivitäten auf die übergeordneten Unternehmensziele.[158] Solche Aktivitäten können einen monetären Charakter

---

[151] vgl. Pressemitteilungen Online
(12. Oktober 2012); http://www.pressemitteilungen-online.de
[152] vgl. Stiftung Warentest Online
(12. Oktober 2011); http://www.test.de
[153] vgl. Tagesschau Online
(12. Oktober 2012); http://www.tagesschau.de
[154] vgl. Gottwald; Etscheit; Liebermann (2008), S.1
[155] vgl. Unilever – Produkt: Becel proactiv
(12. Oktober 2012); http://www.becel.de
[156] vgl. N24 Online
(12. Oktober 2012); http://www.n24.de
[157] vgl. Foodwatch
(12. Oktober 2012) http://foodwatch.de
[158] vgl. Hardtke; Kleinfeld (2010), S.243

aufweisen, aber u.a. auch die Zuwendung von Sachmitteln, des Faktors Zeit und Dienstleistungen einschließen.[159]

Unter monetäre Zuwendungen fallen hier vor allem Geldspenden, Sponsoring, zinsgünstige Kredite und Förderpreise.[160] Sachmittel und Dienstleistungen können u.a. die dem Gemeinwesen kostenlose Bereitstellung von Produkten/Dienstleistungen, die Gewährung der Nutzung von Räumen, Werkstätten und Werbeflächen betreffen.[161] Auch ein Anbieten zusätzlicher Ausbildungs- oder Praktikumsplätze für Behinderte oder sozial benachteiligte Jugendliche fällt in diesen Bereich.[162] Zu einer Zuwendung des Faktors Zeit können Freistellungen von der Arbeitszeit, soziale Einsätze der Belegschaft oder die Unterstützung von ehrenamtlichen Engagements der Mitarbeiter in deren Freizeit gezählt werden.[163]

Neben einem direkten sozialen Engagement des Unternehmens im Gemeinwesen sieht Hardtke das Unternehmen auch in einer Verpflichtung seine Mitarbeiter zu einem solchen Engagement zu motivieren und dies zu unterstützen.[164]

Als positives Beispiel für ein sich im sozialen Umfeld engagierendes Unternehmen kann hier die SAP AG genannt werden.[165] Das Unternehmen unterstützt in seiner Nachbarschaft zahlreiche professionelle Sportteams, als Beispiele seien hier die Fußballmannschaft der TSG 1899 Hoffenheim[166] und der Eishockey-Traditionsverein Mannheimer Adler[167] genannt. Des Weiteren ist das Unternehmen in Bereichen der Jugendarbeit,[168] des Kultursponsorings[169] und in der internationalen Hilfsarbeit sehr aktiv. Mitarbeiter werden nach unternehmenseigenen

---

[159] vgl. Osburg (2010), S.54ff
[160] vgl. Roth (2006), S.107
[161] vgl. Laeis (2005), S.157
[162] vgl. Pohl (2005), S.16
[163] vgl. Dresewski (2004), S.23
[164] vgl. Hardtke; Kleinfeld (2010), S.253ff
[165] vgl. Finanznachrichten
(12. Oktober 2012); http://www.finanznachrichten.de
[166] vgl. Spiegel Online
(12. Oktober 2012); http://www.spiegel.de
[167] vgl. Handelsblatt Online
(12. Oktober 2012); http://www.handelsblatt.com
[168] vgl. Rhein Neckar Zeitung Online
(12. Oktober 2012); http://www.rnz.de
[169] vgl. Handelsblatt Online
(12. Oktober 2012); http://www.handelsblatt.com

Angaben für ehrenamtliche Tätigkeiten freigestellt und Freiwilligenarbeit der Mitarbeiter wird initiiert, gefördert und belohnt.[170]

4.5 Institutionelle CSR-Handlungsempfehlungen und Leitsätze

Unternehmen betreiben CSR aus einem freiwilligen Antrieb heraus, es existieren keine einheitlichen Richtlinien und Regeln, die Unternehmen zu einem Engagement in diesem Bereich verpflichten. Dies erschwert auch eine ethische Bewertung der „sozialen" Unternehmensaktivitäten. Nachhaltigkeitsberichte, die oft als Grundlage zu einer solchen Bewertung dienen, werden vom Unternehmen selbst angefertigt. Eine objektive Beurteilung der eigenen Aktivitäten ist hierbei fraglich, da für das Unternehmen auch die Vermittlung eines positiven Images im Fokus steht.[171]

Die in den folgenden Kapiteln aufgeführten Standards, Richtlinien, Leitsätze und Verhaltenskodizes sollen als Grundlage für CSR-orientierte Unternehmen dienen und zu mehr Transparenz in der Unternehmensberichterstattung führen.

4.5.1 UN Global Compact

Im Jahre 1999 mit dem Vorsatz ins Leben gerufen, weltweit alle multinationalen Unternehmen zu einem Beitritt in dieses Bündnis zu bewegen, umfasst der Global Compact mittlerweile 10 Grundsätze, die die Kernthemen Menschenrechte, Umwelt, Arbeitsbedingungen und Korruption umfassen. Die folgende Abbildung zeigt diese 10 Grundsätze und gibt darüber hinaus Aufschluss über deren Verankerung im deutschen Recht.[172]

---

[170] SAP Nachhaltigkeitsbericht 2011
(12. Oktober 2012); http://www.sapsustainabilityreport.com
[171] vgl. Kuo (2010), S.30
[172] vgl. UN Global Compact
(12. Oktober 2012); http://www.unglobalcompact.org

	Global Compact Prinzip	Geltende Rechtsgrundlage in Deutschland
Menschenrechte	Unternehmen sollen den Schutz der internationalen Menschenrechte innerhalb ihres Einflussbereichs unterstützen und achten	• Art.1 GG „Die Würde des Menschen ist unantastbar." • Art. 2 GG „Jeder hat das Recht auf die freie Entfaltung seiner Persönlichkeit (...)" • Art. 3 (1) GG „Alle Menschen sind vor dem Gesetz gleich."
	sicherstellen, dass sie sich nicht an Menschenrechtsverletzungen mitschuldig machen.	• Internationaler Pakt über bürgerliche und politische Rechte 19. Dezember 1966 (Rechtswirksamkeit: BGBl. 1973 II S. 1534)
Arbeitsstandards	Unternehmen sollen die Vereinigungsfreiheit und die wirksame Anerkennung des Rechts auf Kollektivverhandlungen wahren	• Art. 9(3) GG Verpflichtung auf Gewährleistung der Vereinigungsfreiheit
	die Beseitigung aller Formen der Zwangsarbeit,	• Art. 12 GG Recht auf freie Berufswahl und Verbot von Zwangsarbeit mit Ausnahme von gerichtliche angeordneter • Europäische Menschenrechtskonvention Art.4 Verbot der Zwangsarbeit und der Sklaverei
	die Abschaffung der Kinderarbeit	• § 5 (1) Jugendarbeitsschutzgesetz Die Beschäftigung von Kindern (§ 2 Abs. 1, d.h. unter 15 Jahre) ist verboten. • UN-Kinderrechtskonvention Verankerung des Rechts auf eine gewaltfreie Erziehung
	die Beseitigung von Diskriminierung bei Anstellung und Beschäftigung eintreten	• Artikel 3 (2) GG Männer und Frauen sind gleichberechtigt. Der Staat fördert die tatsächliche Durchsetzung der Gleichberechtigung von Frauen und Männern und wirkt auf die Beseitigung bestehender Nachteile hin. • Allgemeines Gleichbehandlungsgesetz (AGG) Rechtsanspruch für Arbeitnehmer gegen Diskriminierung durch Arbeitgeber • Europäische Menschenrechtskonvention Art. 14 Verbot der Diskriminierung auf Basis von Geschlecht, Rasse, Religion oder sozialer Herkunft.
Umweltschutz	Unternehmen sollen im Umgang mit Umweltproblemen einen vorsorgenden Ansatz unterstützen,	• Strategische Umweltprüfung (UVP-Richtlinie) europäische Richtlinie über die Umweltverträglichkeitsprüfung von bestimmten privaten und öffentlichen Projekten, d.h bei Bebauung und beim Abbau von Bodenschätzen • §§ 13 ff. Bundesnaturschutzgesetzes Beeinträchtigungen der Natur sind vom Verursacher vorrangig zu vermeiden. Nicht vermeidbare erhebliche Beeinträchtigungen sind durch Ausgleichs- oder Ersatzmaßnahmen oder, soweit dies nicht möglich ist, durch einen Ersatz in Geld zu kompensieren • §2 Abs. 2 Nr. 6 Raumordnungsgesetz „Raum ist in seiner Bedeutung für die Funktionsfähigkeit der Böden, des Wasserhaushalts, der Tier- und Pflanzenwelt sowie des Klimas einschließlich der jeweiligen Wechselwirkungen zu entwickeln, zu sichern oder, soweit erforderlich, möglich und angemessen, wiederherzustellen. Wirtschaftliche und soziale Nutzungen des Raums sind unter Berücksichtigung seiner ökologischen Funktionen zu gestalten." • § 50 BImSchG (Bundesimmissionsschutzgesetz) Verpflichtung zur Vermeidung von Umweltschäden besonders in Wohngebieten bei der Planung von Gebäuden
	Initiativen ergreifen, um ein größeres Verantwortungsbewusstsein für die Umwelt zu erzeugen	• § 330d StGB Auflistung strafbarer Handlungen gegen die Umwelt
	die Entwicklung und Verbreitung umweltfreundlicher Technologien fördern.	• Energiebetriebene-Produkte-Gesetz EBPG (2008) „Ökodesignrichtlinie" Rahmen für die Festlegung einheitlicher Vorgaben in Bezug auf die umweltgerechte Gestaltung ("Ökodesign") von energiebetriebenen Produkten innerhalb der Europäischen Union. Erfasst sind alle Endgeräte, die mit Energie gleich welcher Art betrieben werden (Elektrizität; feste, flüssige und gasförmige Brennstoffe), mit Ausnahme von Fahrzeugen. • §22 ff. Kreislaufwirtschaftsgesetz Regelungen über die Verantwortung für den durch Produkte entstehenden Abfall, deren Kennzeichnung sowie Rücknahme und Verwertung und Abfällen • Verpackungsverordnung Verordnung über die Vermeidung und Verwertung von Verpackungsabfälle
Korruptionsbekämpfung	Unternehmen sollen gegen alle Arten der Korruption eintreten, einschließlich Erpressung und Bestechung.	• § 298-301 StGB Strafrechtliche Konsequenzen von Korruption im Wettbewerb und im Geschäftsverkehr

Abbildung 8: Die 10 Grundsätze des UN Global Compact (Eine vergrößerte Darstellung zeigt Anlage 1)
Quelle: www.globalcompact.de

Weltweit sind derzeit über 6000 Unternehmen dem Global Compact beigetreten und haben sich somit verpflichtet, die aufgezeigten 10 Prinzipien einzuhalten und sie in ihre Unternehmensaktivitäten zu integrieren.[173] Zu kritisieren ist hier, dass die Einhaltung der Prinzipien nicht extern überprüft und eine Nichteinhaltung nicht sanktioniert wird. Eine solche Kritik wird vor allem von NGOs angebracht, welche die Meinung vertreten, Unternehmen würden die Global Compact Prinzipien nur selektiv umsetzen und von der Öffentlichkeit trotzdem mit einem verantwortungsvollen Image wahrgenommen.[174] Um dieser Kritik entgegenzutreten wurden Richtlinien für eine „Communication on progress" eingeführt. Diese Richtlinien verpflichten die teilnehmenden Unternehmen zu einer jährlichen Berichterstattung hinsichtlich der Fortschritte und Erfahrungen bei der Anwendung der 10 Prinzipien.[175]

---

[173] vgl. UN Global Compact
(12. Oktober 2012); http://www.unglobalcompact.org
[174] vgl. Fonari (2004), S.36f
[175] vgl. Münstermann (2007), S.59

Veröffentlicht werden diese jährlichen Berichte auf der Internetpräsenz der UN, hierdurch soll eine Transparenz in Bezug auf die Anwendung der 10 Global Compact Prinzipien gewährleistet werden.[176]

4.5.2 Global Reporting Initiative (GRI)

Die GRI ist eine unabhängige Stiftung und verfolgt das Ziel eines branchenunabhängigen und weltweit anwendbaren Leitfadens für die Erstellung von Nachhaltigkeitsberichten.[177] Die Berichterstattung über ökonomische, ökologische und soziale Leistung der Unternehmen soll vom Inhalt wie auch von der Veröffentlichungsfrequenz qualitativ dem Niveau der Jahresabschlussberichterstattung gleichen.[178] Der GRI-Berichtsrahmen (GRI G 3.1) ist aktuell der weltweit am häufigsten verwendete Standard in Fragen der Nachhaltigkeitsberichterstattung[179] und steht den Unternehmen kostenlos für eine Verwendung zur Verfügung, die GRI wünscht hier lediglich eine Mitteilung der Unternehmen.[180]

Den Kern des G 3.1 Berichtsrahmens bildet der für alle Unternehmen allgemeingültige GRI-Leitfaden. In diesem sind Prinzipien und eine Anleitung für die Berichtsanfertigung enthalten. Von der GRI verlangte Standardangaben betreffen bspw. auch Auskünfte zum Profil und der Strategie des Unternehmens.[181] Für eine genaue Berichterstattung wurden in Zusammenarbeit mit Unternehmen und Stakeholdergruppierungen branchenbezogene Indikatoren ermittelt, die den Leitfaden ergänzen.[182]

---

[176] vgl. Hölz (2008), S.517
[177] vgl. Herzig; Pianowski (2008), S.223
[178] vgl. Global Reporting Initiative - G3 Leitfaden
(12. Oktober 2012); https://www.globalreporting.org
[179] vgl. Fischer; Sawczyn; Brauch (2009), S.280
[180] vgl. Global Reporting Initiative
(12. Oktober 2012); https://www.globalreporting.org
[181] vgl. Global Reporting Initiative
(12. Oktober 2012); https://www.globalreporting.org
[182] vgl. von Hauff (2009), S.155

4.5.3 OECD Leitsätze für multinationale Unternehmen

Bei den Leitsätzen der Organisation für wirtschaftliche Zusammenarbeit und Entwicklung handelt es sich um das umfangreichste CSR-Regelwerk.[183] Die Leitsätze sind von allen Richtlinien die einzigen, die von den jeweiligen Staaten auf Grund eines verpflichtenden Abkommens gefördert und überwacht werden müssen. Die Einhaltung beruht jedoch auf dem Prinzip der Freiwilligkeit und hat keinen verbindlichen Charakter. In Deutschland appelliert die Bundesregierung an jedes im Ausland agierende Unternehmen, die Einhaltung der OECD-Leitsätze voranzutreiben und auch ihre Partner und Zulieferer zu einer Einhaltung zu ermutigen. Hiervon nicht ausgenommen sind Klein- und Mittelbetriebe (Einteilung siehe Kapitel 2.1.3), auch „wenn diese nicht über dieselben Kapazitäten wie Großunternehmen verfügen."[184]

Verabschiedet wurden die OECD-Leitsätze von den OECD-Mitgliedsstaaten und ihren Partnern.[185] Bei der Entwicklung wurden neben Arbeitgeber- und Arbeitnehmervertretern auch NGO mit einbezogen. Die Leitsätze enthalten Anforderungen, mit denen Unternehmen ökonomische, ökologische sowie soziale Entwicklungen unterstützen bzw. vorantreiben sollen, um somit zu ermöglichen, dass Regierungen, Unternehmen, Arbeitnehmerorganisationen und alle anderen Beteiligten vertrauensvoll miteinander umgehen können.[186]

Folgende Themenbereiche sind in den OECD Leitsätzen verankert:[187]

- **Offenlegung von Informationen** – Unternehmen sollen die Öffentlichkeit nicht nur über ihre Geschäftsergebnisse informieren, sondern auch über das Unternehmen betreffende soziale und umweltrelevante Fragen.
- **Beschäftigung** – Unternehmen sollen dazu bereit sein, konstruktive Verhandlungen mit Arbeitnehmerorganisationen hinsichtlich Beschäftigungsbedingungen zu führen.

---

[183] vgl. Gabriel (2007), S.10
[184] vgl. Bundesministerium für Wirtschaft und Technik - BMWi
(12. Oktober 2012); http://www.bmwi.de
[185] vgl. Organisation für wirtschaftliche Zusammenarbeit – OECD
(12. Oktober 2012); http://www.oecd.org
[186] vgl. Neureiter; Habisch; Schmidpeter (2007), S. 453ff
[187] vgl. Bundesministerium für Wirtschaft und Technik - BMWi
(12. Oktober 2012); http://www.bmwi.de

- **Umweltschutz** – Unternehmen sollen ein effizientes Umweltmanagement und eine transparente Umweltberichterstattung einführen sowie eine wirksame Krisenplanung für den Fall eines Umweltschadens bereithalten.
- **Korruptionsbekämpfung** – Unternehmen sollen für Aufträge weder direkt noch indirekt Bestechungsgelder anbieten oder einfordern und Forderungen nach Bestechungsgeldern zurückweisen.
- **Verbraucherinteressen** – Unternehmen sollen faire Geschäfts-, Vermarktungs- und Werbepraktiken anwenden sowie die Sicherheit und Qualität ihrer Güter bzw. Dienstleistungen gewährleisten.
- **Wissenschaft und Technologie** – Unternehmen sollen im Rahmen ihrer Tätigkeit und unter Berücksichtigung des Schutzes von geistigem Eigentum Verfahren anwenden, die den Transfer und die Verbreitung von Technologie und Know-how erlauben.
- **Schutz des Wettbewerbs** – Unternehmen sollen die Regeln des fairen Wettbewerbs einhalten und keine wettbewerbswidrigen Kartelle errichten.
- **Besteuerung** – Unternehmen sollen ihren Beitrag zu den öffentlichen Finanzen der Gastländer leisten, nationale Steuergesetze beachten und mit den jeweiligen Steuerbehörden kooperieren.

4.5.4 Kernarbeitsnormen der internationalen Arbeitsorganisation (IAO)

Die IAO-Kernarbeitsnormen stellen weltweit festgesetzte Mindeststandards für die Verbesserung der Arbeitsbedingungen dar und sind in einer dreigliedrigen Grundsatzerklärung über multinationale Unternehmen und Sozialpolitik festgehalten.[188] Die Grundsätze lassen sich als Richtlinien verstehen, die neben Unternehmen auch Regierungen sowie Arbeitnehmer- und Arbeitgeberverbände betreffen.[189] In dieser Grundsatzerklärung werden die gesetzten Regeln zu folgenden Themen aufgeführt:[190]

---

[188] vgl. Lübcke (2007), S.18
[189] vgl. Kummer (2009), S.81
[190] vgl. Herchen (2007), S.47f

- **Beschäftigung und Ausbildung** – Förderung von Beschäftigung, Chancengleichheit, Gleichbehandlung, Sicherung der Beschäftigung
- **Arbeits- und Lebensbedingungen** – Löhne, Leistungen, Arbeitsbedingungen, Mindestalter, Arbeitsschutz
- **Arbeitsbedingungen** – Vereinigungsfreiheit, Kollektivverhandlungen, Behandlung von Beschwerden, Beilegung von Arbeitskonflikten, Arbeitnehmervertretungen

Die IAO selbst gibt an, dass ihre vier Grundprinzipien die Beseitigung von Zwangsarbeit, die Abschaffung von Kinderarbeit, das Verbot von Diskriminierung im Beruf und die Sicherstellung einer Vereinigungsfreiheit und des Rechts auf Kollektivverhandlungen sind.[191]

4.5.5 Weitere Leitsätze und Normen zu CSR

Neben den genannten Leitsätzen existieren noch weitere Empfehlungen die eine Umsetzung von CSR im Unternehmen erleichtern sollen,[192] aufzuführen sind hier u.a. ISO 26000,[193] AA 1000,[194] SA8000,[195] ISO 9000[196] und ISO 14000.[197] Viele der Kernthemen dieser Leitsätze überschneiden sich und Handlungsempfehlungen sind von den bereits aufgeführten Leitsätzen abgeleitet.

---

[191] vgl. Internationale Arbeitsorganisation – IAO
(12. Oktober 2012); http://www.ilo.org
[192] vgl. Bertelsmann Stiftung
(12. Oktober 2012); http://www.bertelsmann-stiftung.de
[193] vgl. Internationale Organisation für Normung – ISO
(12. Oktober 2012) http://www.iso.org
[194] vgl. Accountability
(12. Oktober 2012); http://www.accountability.org
[195] vgl. Social Accountability International – SAI
(12. Oktober 2012) ; http://www.sa-intl.org
[196] vgl. Internationale Organisation für Normung – ISO
(12. Oktober 2012); http://www.iso.org
[197] vgl. Internationale Organisation für Normung – ISO
(12. Oktober 2012); http://www.iso.org/iso/iso14000

5. Die Stellung der Führungskräfte im ethisch orientierten Unternehmen

Um die Stellung zu beschreiben, die Führungskräfte in einem ethisch orientierten Unternehmen einnehmen, bedarf es zunächst einer kurzen Begriffserklärung und einer Beschreibung der für das Thema dieser Untersuchung relevanten Aufgabe von Führungskräften.

5.1 Führungskräfte – Begriff und Aufgabe

Die Führungskräfte im Unternehmen stellen Personen dar, denen aufgrund ihrer Position Rechte zugeteilt werden, durch die sie gegenüber den Mitarbeitern in ihrem Verantwortungsbereich weisungsbefugt sind.[198]

Zu den weitreichenden Aufgaben einer Führungskraft gehört u.a. auch, ein Handeln, Denken und Fühlen der Mitarbeiter zu beeinflussen und somit zu steuern. Das Ziel der Führungskraft muss hierbei sein, den eigenen Verantwortungsbereich so zu optimieren, dass die vom Unternehmen gesetzten Ziele (siehe hierzu Kapitel 2.1.1 und 2.1.2) erreicht oder übertroffen werden.[199]

5.2 Führungskräfte als Kommunikator der Unternehmensethik

Aus der im vorhergehenden Kapitel angesprochenen Aufgabe der Beeinflussung des Handelns und Denkens von Mitarbeitern ergibt sich, dass gerade den Führungskräften eine besondere Stellung in der internen Kommunikation einer Unternehmensethik zukommt. Eine ethische Ausrichtung des Unternehmens und deren Definition ist eine Führungsaufgabe. Das Management ist der Entscheidungsträger des Unternehmens, es spielt bei der Umsetzung von unternehmensethischen Entscheidungen und deren Kommunikation die herausragende Rolle,[200] gestaltet es doch die betriebliche Realität und kommuniziert diese Entscheidungen in einem top down Prozess an die Mitarbeiter.[201] Solche Entscheidungen sind durchaus auch abhängig von subjektiven und individuellen Werten der Führungskräfte und ihres

---

[198] vgl. Lieber (2007), S.6
[199] vgl. Lieber (2007), S.5
[200] vgl. Schwalbach; Schwerk (2008), S.9
[201] vgl. Zehetbauer (2012), S.59

Führungsstils.[202] Wichtiger als der Führungsstil ist hierbei jedoch die Führungspersönlichkeit und somit auch die Stärken und Schwächen der Führungsperson.[203]

Führungskräfte dienen dem Rest des Unternehmens als Vorbild,[204] sie sind die Personifizierung der Haltung und der Werte des Unternehmens. Von ihnen wird erwartet, dass sie stetig die sich verändernden Beziehungen des Unternehmens zu seiner Umwelt und auch das eigene Agieren im Wettbewerb ethisch reflektieren. Es bedarf einer Kompetenz der Führungskräfte, sich den ethischen Bedürfnissen ihrer Stakeholder aufgeschlossen und konstruktiv zu stellen und zu Lösungen dies betreffender Probleme beizutragen, ohne den ökonomischen Fortschritt des Unternehmens zu vernachlässigen[205] Demzufolge müssen Führungskräfte neben den spezifischen Fachkompetenzen auch über „schnittstellen-übergreifende Nachhaltigkeitskompetenzen" verfügen.[206] Es gilt hierbei nachhaltigkeits-relevante Entwicklungen zu erkennen, die gesellschaftlichen Zusammenhänge zu erfassen und dies inner- und außerhalb des Unternehmens zu kommunizieren.[207]

Der Anspruch an Führungskräfte ist also, sich permanent zwischen „ökonomischer Klugheit und verantwortungsbewusstem Umgang mit den Stakeholdern"[208] zu befinden. Es gilt hierbei einen würde- und respektvollen Umgang mit den Stakeholdern zu wahren. In Bezug auf die internen Stakeholder (siehe hierzu Kapitel 3.1) bedeutet das, dass diese bspw. nicht zu illegalen oder unmoralischen Diensten gezwungen werden dürfen.[209]

Jonker bestätigt die vorhergehenden Aussagen und ist der Meinung, dass die Anforderungen an Führungskräfte in den vergangenen Jahren enorm gestiegen sind, dies nicht zuletzt auch aufgrund der Tatsache, dass sich viele Unternehmen mittlerweile neben ihrem Kerngeschäft auch auf unternehmensethische Maßnahmen konzentrieren.[210] Um eine Integration dieser unternehmensethischen Maßnahmen in das Kerngeschäft zu vereinfachen, stellen Jonker und Eskildsen folgendes Modell vor.

---

[202] vgl. Zehetbauer (2012), S.59
[203] vgl. Zehetbauer (2012), S.59
[204] vgl. Zehetbauer (2012), S.59
[205] vgl. Schumann (2007), S.15
[206] Schwalbach; Schwerk (2008). S.9
[207] vgl. Schwalbach; Schwerk (2008), S.9
[208] vgl. Kröker (2010), S.52
[209] vgl. Kröker (2010), S.52f
[210] vgl. Jonker; Stark; Tewes (2010), S.44ff

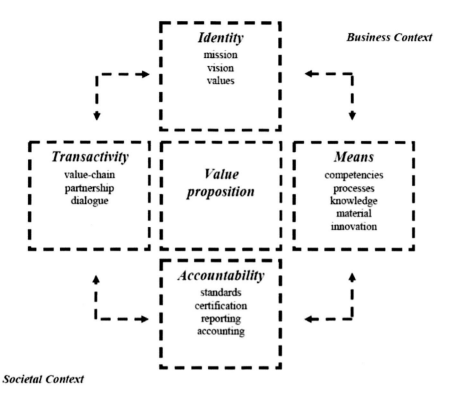

Abbildung 9: Managementmodel für die Zukunft
Quelle: Jonker/Eskildsen 2009

Abbildung 9 demonstriert dieses Modell und führt somit vier Kategorien auf, die eine Unternehmens-Wertschöpfung unter dem Einfluss einer gesellschaftlichen Verantwortung und der Beachtung einer nachhaltigen Entwicklung definieren.[211] Im Folgenden werden die vier abgebildeten Kategorien erläutert:[212] [213]

1. **Transactivity** (Schnittstellenmanagement) beschreibt den andauernden Dialog zwischen dem Unternehmen und seiner gesellschaftlichen Umwelt. Es gilt hierbei eine andauernde Kommunikation der Führungskräfte und der Stakeholder zu fördern. Das Ziel muss dabei sein, die nachhaltige Gestaltung einer Beziehung mit den gesellschaftlichen Partnern zu ermöglichen.

---

[211] vgl. Jonker; Stark; Tewes (2010), S.46
[212] vgl. Jonker; Eskildsen (2009), S.126ff
[213] vgl. Jonker; Stark; Tewes (2010), S.46ff

2. **Means** (Instrumente und Möglichkeiten) stellen das die Unternehmensethik betreffende, „humane, ökologische und intellektuelle Kapital eines Unternehmens"[214] dar. Hierunter zu verstehen sind die Führungskräfte und weitere unternehmerische Instrumente, Strukturen und Systeme, die zu einer Integration der Unternehmensethik in die Kernprozesse des Unternehmens beitragen.

3. **Accountability** (Verantwortlichkeit) bezeichnet die Fähigkeit der Führungskräfte, ein gesellschaftlich verantwortungsvolles Agieren des Unternehmens in dessen Wertschöpfungskette zu belegen und dies auch zu kommunizieren. Unterschieden wird hierbei zwischen der Beachtung internationaler Standards (siehe Punkt 4.5ff) und der gesetzlichen Rechenschaftspflicht des Unternehmens.

4. **Identity** (Identität) ist fundiert in den vom Unternehmen vorgegebenen Werten und definiert das kommunizierte ethische Selbstverständnis des Unternehmens. Solche Werte finden sich auch im Verhalten der Führungskräfte wieder und dienen somit einer Bildung der gewünschten Corporate Identity des Unternehmens. Eine von der Führungsebene initiierte Kommunikation der Werte und des Selbstverständnisses auch außerhalb des Unternehmens sorgt für eine Identifikation der Kunden und Mitarbeiter mit dem Unternehmen.

Ergänzend zu seinem Modell führt Jonker auf, dass sich dieses nur bewähren kann, wenn es den Führungskräften gelingt, das Versprechen eines ethischen Agierens des Unternehmens in die tägliche Praxis zu integrieren und somit den ethischen Aspekt des unternehmerischen Handelns in allen materiellen und immateriellen Aktivitäten des Unternehmens zu verankern.[215]

Bezüglich einer ethischen Einstellung der Führungskräfte von morgen, die Gegenstand der Untersuchung zu diesem Buch ist, sieht Heuberger auch die Notwendigkeit eines neuen Bildungsverständnisses für die Aus- und Weiterbildung der zukünftigen Manager. Neben kognitivem Wissen sollen auch soziale Kompetenzen vermittelt werden. Solche soziale

---

[214] Jonker; Eskildsen (2009), S.126ff
[215] vgl. Jonker; Stark; Tewes; (2010), S.48

Kompetenzen sind bspw. Kommunikationsfähigkeit, Empathie oder auch soziales Verantwortungsbewusstsein.[216]

Unter Betrachtung der Tatsache, dass ethische Ansätze für Unternehmen und somit auch eine ethische Einstellung der zukünftigen Führungskräfte immer wichtiger werden,[217] stehen hier nach di Fabio und auch Frey die Universitäten in der Verantwortung. Ihnen kommt als Faktor der „systematischen Wissensproduktion"[218] eine besondere Bedeutung zu, liefern sie schließlich die Multiplikatoren, die später zu Führungskräften mit einer Kommunikationsverantwortung werden.[219] [220]

---

[216] vgl. Heuberger (2007), S.473
[217] vgl. Bauernberger (2007), S.10
[218] di Fabio (2005); S.23
[219] vgl. di Fabio (2005); S.23ff
[220] vgl. Frey (2005); S.144

6. Empirische Untersuchung

Das ethische Verhalten von Unternehmen steht heutzutage, nicht zuletzt auch durch die Globalisierung und den damit verbundenen Aktivitäten des Unternehmens im Ausland, immer häufiger in der öffentlichen Diskussion. In den vergangenen Jahren fand in der Gesellschaft eine stetige Sensibilisierung des ethischen Empfindens statt, es kann von einem enorm gestiegenen Umwelt- und Sozialbewusstsein gesprochen werden. Unternehmen mit Weitblick müssen sich dieser Diskussion und der neuen öffentlichen Wahrnehmung stellen. Die Implementierung eines CSR-Systems im Unternehmen ist eine gute Lösung um den gestiegenen Ansprüchen gerecht zu werden. Wie der theoretische Teil dieser Untersuchung aufgezeigt hat, kommt es bei der Umsetzung eines solchen CSR-Systems insbesondere auch auf die Führungskräfte des Unternehmens an.

Die vorliegende Studie soll nun klären, ob sich die Führungskräfte von morgen der Notwendigkeit eines ethischen Verhaltens bewusst sind, wie die persönliche Einstellung der zukünftigen Führungskräfte in diesem Bereich zu beurteilen ist und, ob an den Hochschulen angebotene Vorlesungen und Kurse einen Einfluss auf die Einstellung der leitenden Angestellten in spe haben können.

Grundlage der Studie ist deshalb die Befragung von aktuell eingeschriebenen Studenten, die letztlich die Führungskräfte von morgen darstellen und die Fragen zu den folgenden Kernthemen der CSR beantwortet haben:

- Menschenrechte & Arbeitsbedingungen
- Schutz der Umwelt
- Faires unternehmerisches Handeln
- Schutz der Verbraucher
- Soziales Engagement

Des Weiteren wurden den Studienteilnehmern Fragen vorgelegt, die einen Aufschluss über die persönliche ethische Grundeinstellung zulassen werden. Die Fragen wurden auf dem Fragebogen nicht nach den genannten Themenbereichen angeordnet.

Die Befragung wurde ausschließlich an der Fachhochschule Worms durchgeführt. Diese FH bietet neben dem Studium in wirtschaftswissenschaftlichen Studiengängen sowohl die Möglichkeit Touristik und Verkehrswesen als auch Informatik zu studieren.

6.1 Rahmendaten der Untersuchung

Erhebungszeitraum der Daten: 15. Juni – 15. Juli 2012
Anzahl der Fragen: 39

Gesamtzahl der Studierenden an der FH-Worms: 3015
Studierende im Fachbereich Wirtschaftswissenschaften: 1671
Studierende in den anderen Fachbereichen:1344
Anzahl der Bachelor-Studenten an der FH-Worms: 2227
Anzahl der Master-Studenten an der FH-Worms: 476
Anzahl der Diplom-Studenten an der FH-Worms: 312

Anzahl der an der Umfrage teilnehmenden Studenten: 512
Anzahl der qualifizierten Fragebögen: 242
Anzahl der qualifiziert teilnehmenden Master/Diplom-Studenten: 91
Anzahl der qualifiziert teilnehmenden Bachelor-Studenten: 151
Anzahl der qualifiziert teilnehmenden Studenten des Bereiches WiWi: 162
Anzahl der qualifiziert teilnehmenden Studenten anderer Bereiche: 80
Anzahl der teilnehmenden Studenten mit Business Ethics Vorlesungen: 102
Anzahl der teilnehmenden Studenten ohne Business Ethics Vorlesungen: 140

6.2 Techniken der Untersuchung

Im Rahmen dieser Studie wurde eine Teilerhebung durchgeführt, für die als aussagekräftiges Instrument die Möglichkeit der Primärstatistik eingesetzt wurde. Die Untersuchung wurde anhand eines speziell dafür erstellten Fragebogens durchgeführt, der dieser Studie in den Anhängen 2 - 10 beigefügt ist. Teile der Fragen wurden einer ähnlichen Studie des Manager-Magazins aus dem Jahr 2005 entnommen.

Der Fragebogen beinhaltete mit der Ausnahme von Angaben zur Statistik (Fragen 37, 38, 39) lediglich geschlossene Fragen, die dem Teilnehmer je Frage 5 verschiedene Antworten zur Auswahl boten. Diese Antwortmöglichkeiten waren:

1. „Stimme der Aussage voll zu"
2. „Stimme der Aussage eher zu"
3. „Stimme der Aussage teilweise zu, teilweise nicht zu"
4. „Stimme der Aussage eher nicht zu"
5. „Stimme der Aussage absolut nicht zu"

Die Teilnehmer wurden angehalten hierbei pro Frage nur eine mögliche Antwort abzugeben.

Die Umfrage wurde sowohl online als auch durch Ansprache der Studenten auf dem Campus der Fachhochschule Worms durchgeführt. Bei der Online-Version des Fragebogens wurden lediglich soziale Medien und Netzwerke der FH-Worms zu deren Verbreitung genutzt.

6.3 Auswertung der Untersuchung

Für die Auswertung der Daten wurde das Programm SPSS 20 von IBM gewählt. Sämtliche Antworten der qualifizierten Fragebögen wurden in das Programm eingegeben. Zunächst wurde jede Frage einzeln ausgewertet, zusätzlich erfolgte eine Untersuchung auf etwaige Zusammenhänge zwischen bestimmten Fragen. Die Ausgabe der Daten erfolgte in Balkendiagrammen zu den jeweiligen Häufigkeitstabellen und Kreuzvergleichen der gestellten Fragen.

6.4 Ergebnisse der Untersuchung

Die folgenden Kapitel demonstrieren die Ergebnisse der Untersuchung in Diagrammen. Die Ergebnisse werden nur kurz erläutert und die wesentliche Aussage präsentiert. Eine dazugehörige Tabelle mit Angaben zu statistischen Maßzahlen wie Varianz, Mittelwert und Standardabweichung ist in Anlage 12 beigefügt.

Die Kapitel sind nach den jeweiligen Kernthemen-Bereichen geordnet. Kapitel 6.4.1 bis 6.4.5 erläutern die Ergebnisse zu den Fragen, die die CSR-Kernthemen (siehe hierzu Kapitel 4.4ff) betreffen. Kapitel 6.4.6 gibt einen Aufschluss über eine allgemeine ethische Einstellung der Befragten, während Kapitel 6.4.7 die Zusammenhänge zwischen den von den Studenten gegebenen Antworten und den im Studiengang angebotenen Vorlesungen zur Unternehmensethik darstellt.

6.4.1 Ergebnisse: Kernthema „Menschenrechte & Arbeitsbedingungen"

Insgesamt 8 Fragen der Studie (Fragen 1, 2, 6, 7, 12, 19, 24, 28) betreffen die CSR-Kernthematik Menschenrechte und Arbeitsbedingungen (vgl. Kapitel 4.4.1). Zunächst wurden die Studenten nach einer Legitimation von Kinderarbeit in der Dritten Welt befragt. Abbildung 10 gibt die Antworten in einem Diagramm wieder.

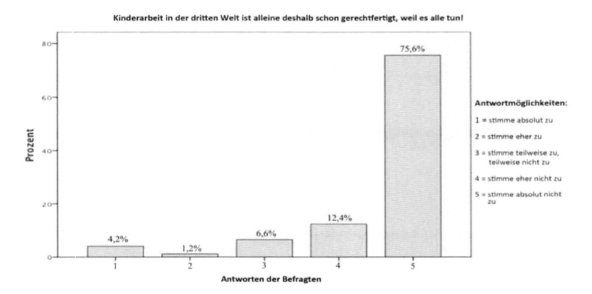

Abbildung 10: Frage 1
Quelle: Eigene Darstellung

Es wird deutlich, dass 88% der zukünftigen Manager Kinderarbeit in der Dritten Welt eher oder absolut ablehnen. Während 6,6% der Befragten den Einsatz von Kindern als Arbeitskräfte zumindest teilweise rechtfertigen, geben 5,4% der an der Umfrage teilnehmenden Studenten an, dass Kinderarbeit in der Dritten Welt absolut oder eher zu rechtfertigen ist.

Das folgende Diagramm zeigt die Antworten der Umfrage-Teilnehmer auf die Frage, ob die zukünftigen Führungskräfte das Thema Menschenrechte bei Verhandlungen mit

Vertragspartnern aus betreffenden Ländern nicht ansprechen würden, wenn dies eventuelle Geschäfte behindern könnte.

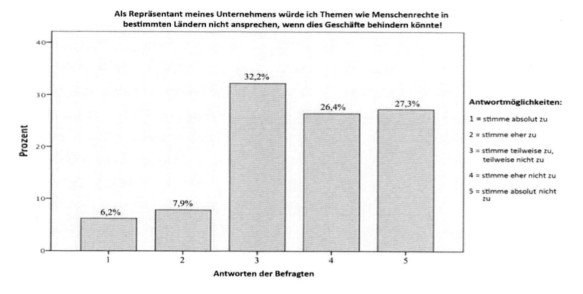

Abbildung 11: Frage 2
Quelle: Eigene Darstellung

Mit insgesamt 53,7% gibt die Mehrheit der Befragten an, dass sie das Thema Menschenrechte auch bei Verhandlungen in den betreffenden Ländern ansprechen würden. Das Thema absolut nicht oder eher nicht zur Sprache bringen, würden 14,1% der Befragten. Immerhin 32,2% der Umfrage-Teilnehmer geben an, dass sie einer Ansprache des Themas teilweise zu bzw. teilweise nicht zu stimmen.

Die folgende Frage zielt darauf ab, eine Einschätzung darüber abgeben zu können, inwieweit die zukünftigen Führungskräfte deutsche Unternehmen in einer Verantwortung sehen ihre Lieferanten bezüglich Menschenrechte und Arbeitsbedingungen zu schulen.

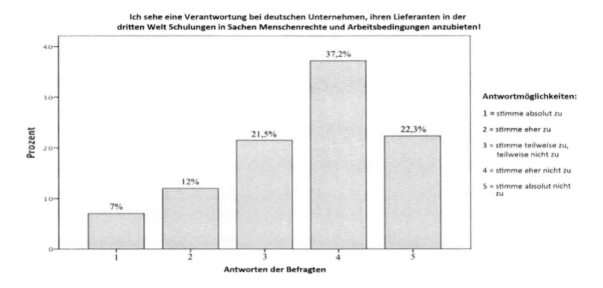

Abbildung 12: Frage 28
Quelle: Eigene Darstellung

Abbildung 12 zeigt, dass mit 59,5% mehr als die Hälfte der Befragten keine Verantwortung bei deutschen Unternehmen sieht, ihren Geschäftspartnern in der Dritten Welt Schulungen anzubieten, die zur Verbesserung etwaiger Missstände in Sachen Menschenrechte und Arbeitsbedingungen beitragen können. Es geht auch hervor, dass 52 der 242 Umfrage-Teilnehmer (21,5%) die deutschen Unternehmen zumindest teilweise in der Verantwortung sehen innerhalb ihrer Supply Chain tätig zu werden. Eine Verpflichtung zu Schulungen der Geschäftspartner erkennen 19% der zukünftigen Manager an, wobei hiervon nur 7% die deutschen Unternehmen in einer absoluten Verantwortung hierfür sehen.

Des Weiteren wurde den Studenten die Frage gestellt, ob sie bei ihren Zulieferern eher auf deren Preise oder auf die dortigen Arbeitsbedingungen achten würden. Das folgende Diagramm demonstriert die gegebenen Antworten.

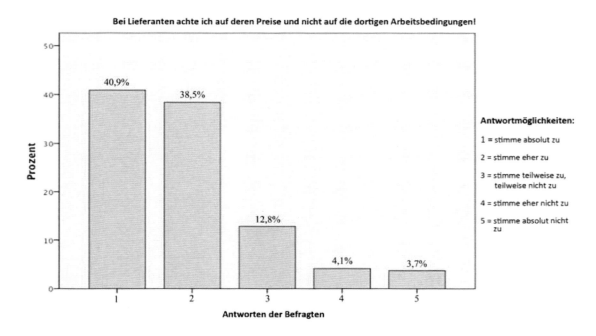

Abbildung 13: Frage 19
Quelle: Eigene Darstellung

Bei dieser Frage gibt mit 79,4% die absolute Mehrheit der zukünftigen Manager an, dass sie in ihren Supply Chains Priorität auf die Preise der Zulieferer legen. Lediglich 7,8% legen einen größeren Wert auf die Arbeitsbedingungen der Geschäftspartner.

Vergleicht man die Ergebnisse von Frage 19 mit denen von Frage 1 ergibt sich die Kreuztabelle aus Abbildung 14.

		Kinderarbeit in der Dritten Welt ist allein deshalb schon gerechtfertigt, weil es alle tun! (Frage 1)					Gesamt
		Aussage trifft absolut zu	Aussage trifft eher zu	Aussage trifft teilweise zu, teilweise nicht zu	Aussage trifft eher nicht zu	Aussage trifft absolut nicht zu	
Bei Lieferanten achte ich eher auf deren Preise und nicht auf die dortigen Arbeitsverhältnisse! (Frage 19)	Aussage trifft absolut zu	5	1	8	11	75	100
	Aussage trifft eher zu	2	1	2	11	76	92
	Aussage trifft teilweise zu, teilweise nicht zu	2	0	4	6	19	31
	Aussage trifft eher nicht zu	1	1	1	1	6	10
	Aussage trifft absolut nicht zu	0	0	1	1	7	9
Gesamt		10	3	16	30	183	242

Abbildung 14: Kreuztabelle Frage 1/ Frage 19
Quelle: Eigene Darstellung

Während bei der Frage nach einer Legitimation von Kinderarbeit in der Dritten Welt 88% der Befragten ablehnende Antworten geben (siehe Abbildung 10), veranschaulicht Abbildung 14, dass die Mehrheit der gleichen Befragten schlechte Arbeitsbedingungen bei ihren Zulieferern dulden, insofern dadurch günstigere Einkaufspreise erzielt werden können.

Aus der Abbildung lässt sich entnehmen, dass bspw. 75 der Studenten, die der Kinderarbeit bei Frage 1 absolut ablehnend gegenüber stehen, bei Frage 19 angeben, dass sie bei ihren Lieferanten auf den Preis anstatt auf die dortigen Arbeitsbedingungen achten, die u.a. auch Kinderarbeit mit einschließen können.

Weitere der zu diesem Kernthema der CSR gestellten Fragen betreffen die Arbeitsbedingungen im eigenen Unternehmen.

Die Teilnehmer wurden hierbei auch nach ihrer Einstellung bezüglich einer Gleichbehandlung der Geschlechter befragt. Abbildung 15 zeigt die prozentuale Verteilung der Antworten auf die Frage nach einer Legitimation von geschlechtsspezifischen Gehältern.

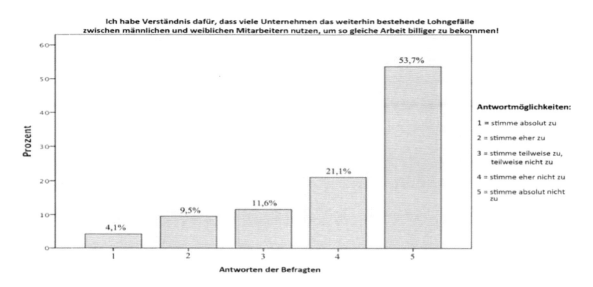

Abbildung 15: Frage 7
Quelle: Eigene Darstellung

Die Mehrzahl (53,7%) der befragten Studenten zeigt absolut kein Verständnis für ein Lohngefälle zwischen Männern und Frauen, während 21,1% eher kein Verständnis für eine unterschiedliche Vergütung haben. Mit insgesamt 13,6% legitimiert dennoch jeder 7. der Befragten niedrigere Gehälter bei weiblichen Mitarbeitern.

Die Fragen 6 und 24 der Studie zielen auf die Einstellung der Teilnehmer in Bezug auf Einschnitte in das Privatleben der Mitarbeiter ab. So wurden die zukünftigen Führungskräfte zunächst gefragt, ob sie es für gerechtfertigt halten, dass Frauen unter 40 Jahren bei einer Einstellung vertraglich zum Verzicht auf eine Schwangerschaft innerhalb einer bestimmten Frist gebunden werden können. Abbildung 16 demonstriert die Verteilung der gegebenen Antworten.

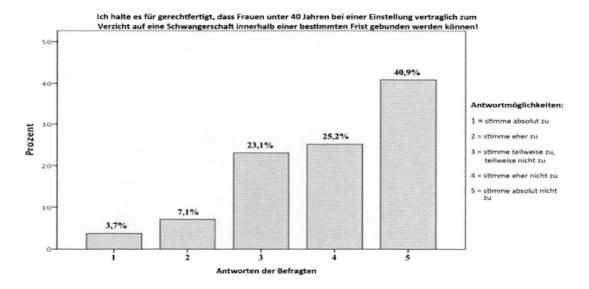

Abbildung 16: Frage 6
Quelle: Eigene Darstellung

Mit 10,8% befindet mehr als jeder zehnte der zukünftigen Führungskräfte einen solchen Einschnitt in das private Leben für vertretbar. Eine solche Maßnahme für absolut ungerechtfertigt halten 40,9% der Studenten. Dieser Aussage eher ablehnend gegenüber stehen 25,2% der Befragten.

Des Weiteren wurden die Umfrage-Teilnehmer in Frage 24 gefragt, ob es vertretbar ist, Neigungen und Talente von Mitarbeitern mit Hilfe von Genom-Analysen exakt einschätzen zu können. Die Ergebnisse zu dieser Frage werden in folgendem Diagramm dargestellt.

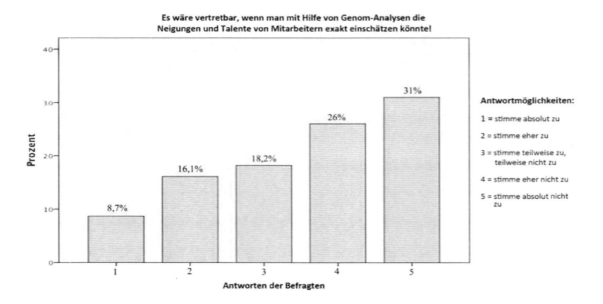

Abbildung 17: Frage 24
Quelle: Eigene Darstellung

Es gilt hierbei zu bemerken, dass nahezu jeder vierte der zukünftigen Führungskräfte eine Untersuchung der DNA ihrer Mitarbeiter befürwortet. Mit 138 der 242 Befragten lehnen 57% diese Genom-Analysen ab, während 18,2% derartige Tests teilweise befürworten bzw. teilweise nicht befürworten.

Die Frage zu einer erweiterten Mitbestimmung der Arbeitnehmer schließt die Befragung zum Kernthema Menschenrechte und Arbeitsbedingungen ab.

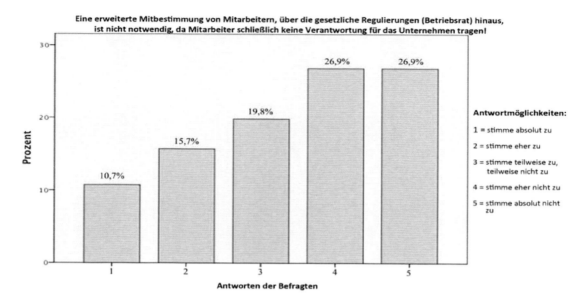

Abbildung 18: Frage 12
Quelle: Eigene Darstellung

Eine erweiterte Mitbestimmung der Mitarbeiter halten 10,7% der Befragten für absolut nicht notwendig und 15,7% für eher nicht notwendig. Den Mitarbeitern höhere Mitbestimmungsrechte im Unternehmen zugestehen würden 53,8% der zukünftigen Führungskräfte. In ihrer Meinung zu dieser Frage unentschlossen sind 19,8% der Umfrage-Teilnehmer.

6.4.2 Ergebnisse: Kernthema „Schutz der Umwelt"

Fünf Fragen der Untersuchung (Nr. 8, 11, 16, 18, 26 des Fragebogens) betreffen dieses Kernthema der CSR (siehe hierzu Kapitel 4.4.2). Zunächst wurden die Teilnehmer nach ihrer Einstellung zu der Frage interviewt, ob Unternehmen Umweltschutz lediglich aus Imagegründen betreiben. Abbildung 19 zeigt die gegebenen Antworten.

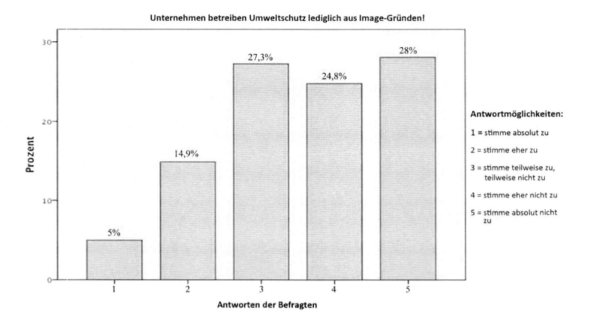

Abbildung 19: Frage 8
Quelle: Eigene Darstellung

Nur 5% bzw. 14,9% stimmen dieser Aussage absolut bzw. eher zu. Mit 24,8%, die dieser Aussage eher nicht zustimmen und 28%, die diese Aussage absolut ablehnen, vertritt die Mehrheit der Befragten die Meinung, dass Unternehmen auch Umweltschutz betreiben, ohne dabei lediglich eine positive Außendarstellung ihres Unternehmens anzustreben.

Zu der Frage, ob die Umwelt gelegentlich auch unter einem wirtschaftlichen Fortschritt leiden muss, wurden dem Umfrage-Teilnehmer die Beispiele „Stuttgart 21" und „Flughafenausbau Frankfurt" genannt. Die folgende Abbildung demonstriert die Auswertung der Antworten zu dieser Frage.

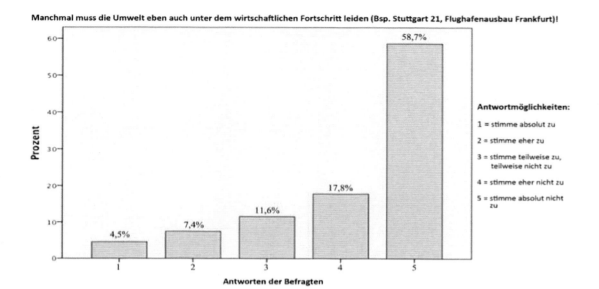

Abbildung 20: Frage 11
Quelle: Eigene Darstellung

Die Mehrheit der Befragten steht dieser Aussage ablehnend gegenüber, 58,7% stimmen absolut nicht zu, weitere 17,8% stimmen hier eher nicht zu. Mit 11,9% würde jedoch ein beträchtlicher Anteil der zukünftigen Führungskräfte die wirtschaftlichen Interessen über den Umweltschutz stellen, 11,6% der Befragten wären hierzu noch teilweise bereit.

Eine weitere Frage zum Kernthema Umweltschutz stellt Nr. 16 des Fragebogens dar. Hier wurden die teilnehmenden zukünftigen Führungskräfte zu ihrer Einstellung zu umweltschädlichen Produktionsmethoden interviewt. Es stand zur Diskussion, ob die Befragten ihre Produkte im Ausland produzieren lassen würden, wenn Produktionsmethoden, die dort legal sind, in Deutschland aus umweltrechtlichen Gründen verboten wären. Die folgende Abbildung veranschaulicht die gegebenen Antworten.

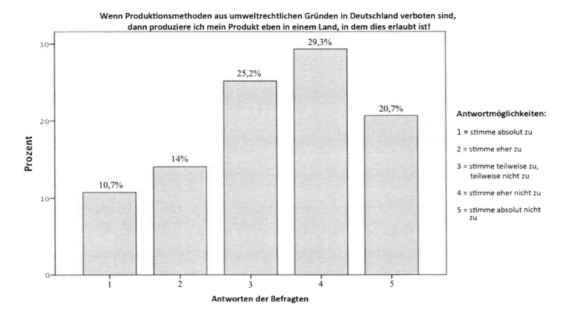

Abbildung 21: Frage 16
Quelle: Eigene Darstellung

Nahezu jeder vierte der Teilnehmer (24,7%) würde seine, in Deutschland verbotenen, Produktionsmethoden ins Ausland verlegen. Mit 50% würde die Hälfte der Befragten einer Ausgliederung dieser kritischen Produktion (absolut oder eher) nicht zustimmen und sich somit Gedanken über die Einstellung der betreffenden Produktion oder über alternative und umweltfreundlichere Produktionsmethoden machen.

Auf die Frage nach einem Einsatz von Öko-Strom im Unternehmen, gaben 36,8% der Befragten an, dass sie diesen nur nutzen würden, wenn ein solcher Einsatz keine Mehrkosten verursacht (siehe Abbildung 22).

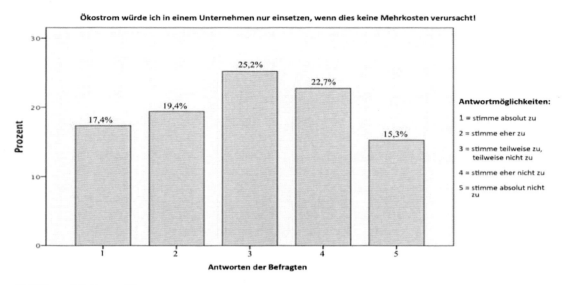

Abbildung 22: Frage 18
Quelle: Eigene Darstellung

Weitere 25,2% stimmen dieser Aussage nur teilweise zu bzw. nicht zu. Absolut sprechen sich 15,3% der zukünftigen Manager für einen Einsatz von Öko-Strom, auch gegen Mehrkosten, aus. Weitere 22,7% stehen einem solchen Einsatz eher positiv gegenüber.

Frage 26 konzentriert sich auf die Einstellung der Befragten bezüglich einer Verantwortung der Unternehmen zum Müll-Recycling.

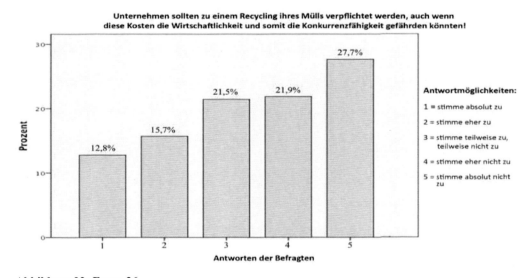

Abbildung 23: Frage 26
Quelle: Eigene Darstellung

Nur 28,5% der zukünftigen Führungskräfte befürworten eine Verpflichtung zum Recycling, auch wenn die hierdurch entstehenden Kosten die Wirtschaftlichkeit des Unternehmens gefährden könnten. Mit 21,5 % gibt mehr als jeder fünfte der Teilnehmer an, er würde dies teilweise befürworten bzw. teilweise ablehnen, während mit 49,6% fast die Hälfte der Befragten der Wirtschaftlichkeit des Unternehmens den Vorzug geben würde.

6.4.3 Ergebnisse: Kernthema „Faires unternehmerisches Handeln"

Der Thematik „Faires unternehmerisches Handeln" (siehe hierzu Kapitel 4.4.3) sind die Fragen 3, 4, 9, 14, 17, 20 und 27 des Fragebogens zuzuordnen. Im Folgenden werden die Antworten zu diesen Fragen präsentiert.

Zunächst wurden die Teilnehmer nach ihrer Einstellung zum Thema Korruption befragt. Abbildung 24 demonstriert die Ergebnisse zur Frage nach einer Bereitschaft der zukünftigen Führungskräfte in der Dritten Welt von Korruption Gebrauch zu machen.

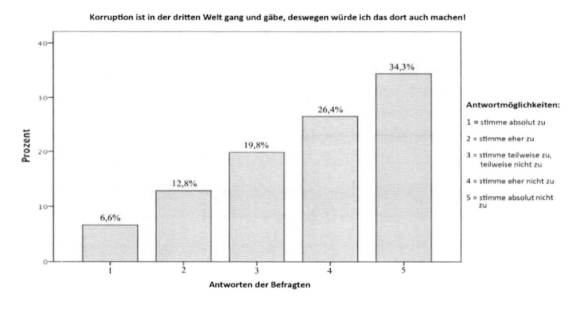

Abbildung 24: Frage 3
Quelle: Eigene Darstellung

Während 60,7% der Befragten Korruption in der Dritten Welt eher oder absolut ablehnen, zieht mit 19,4% nahezu jeder fünfte der Befragten den Einsatz von Bestechungsgeldern in der Dritten Welt in Betracht. Weitere 19,8% stimmen hier teilweise zu, bzw. teilweise nicht zu.

Auf die Frage nach einer Anwendung von Korruption auch in Deutschland gaben die Studenten folgende Antworten (siehe Abbildung 25).

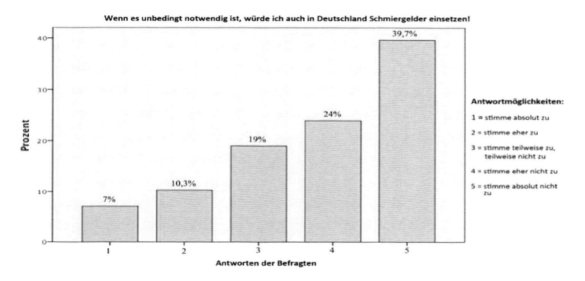

Abbildung 25: Frage 4
Quelle: Eigene Darstellung

Es ist zu erkennen, dass mit 63,7% die Mehrheit der Befragten dem Einsatz von Bestechungsgeldern ablehnend gegenüber steht. Hierbei muss jedoch bemerkt werden, dass dies nur 3% weniger an ablehnenden Antworten darstellt, als bei der Frage nach Korruption in der Dritten Welt gegeben wurden. Gemessen an der Verbreitung von Korruptionsfällen nach Ländern geordnet (Vergleich: Deutschland zu Ländern der dritten Welt siehe Kapitel 4.4.3, Abbildung 10), fällt die Anzahl der Korruption ablehnenden Studenten mit 63,7% (Deutschland) verglichen zu 60,7% (Dritte Welt) hier jedoch gering aus. Dementsprechend würden auch 17,3% der zukünftigen Führungskräfte Schmiergelder in Deutschland einsetzen, während der Korruption in der Dritten Welt mit 19,4% nur ein unwesentlich höherer Prozentsatz der Befragten zustimmt.

Die im Folgenden dargestellte Kreuztabelle (Abbildung 26) unterstreicht diese geringen Abweichungen in der Korruptionsbereitschaft der zukünftigen Führungskräfte.

		Wenn es unbedingt notwendig ist, würde ich auch in Deutschland Schmiergelder einsetzen!					Gesamt
		Aussage trifft absolut zu	Aussage trifft eher zu	Aussage trifft teilweise zu, teilweise nicht zu	Aussage trifft eher nicht zu	Aussage trifft absolut nicht zu	
Korruption ist in der Dritten Welt gang und gäbe, deswegen würde ich das dort auch machen!	Aussage trifft absolut zu	4	3	5	1	3	16
	Aussage trifft eher zu	3	9	14	3	2	31
	Aussage trifft teilweise zu, teilweise nicht zu	2	2	13	20	11	48
	Aussage trifft eher nicht zu	1	5	8	20	30	64
	Aussage trifft absolut nicht zu	7	6	6	13	51	83
Gesamt		17	25	46	57	97	242

Abbildung 26: Kreuztabelle Frage 3/ Frage 4
Quelle: Eigene Darstellung

Zu erkennen ist, dass sich die Antworten der Befragten, bezüglich einem Einsatz von Korruption in der Dritten Welt bzw. in Deutschland, nur geringfügig unterscheiden.

Die Fragen 9 und 20 der Studie zielen auf die Einstellung der zukünftigen Führungskräfte bezüglich eines fairen Umgangs mit konkurrierenden Unternehmen ab.

So wurden die Studenten gefragt, ob sie es bei der derzeitig harten Wettbewerbssituation für gerechtfertigt halten, Gerüchte über Konkurrenten in die Welt zu setzen. Die folgende Abbildung demonstriert die Ergebnisse zu dieser Frage.

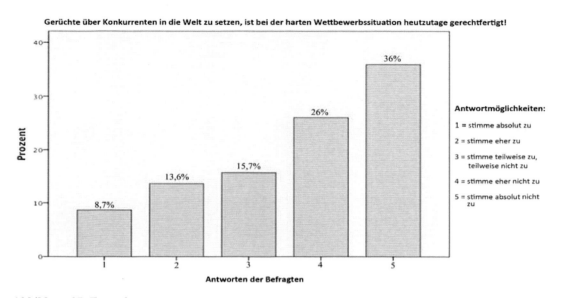

Abbildung 27: Frage 9
Quelle: Eigene Darstellung

Mit 62% stimmt die Mehrheit der Befragten dieser Aussage eher bzw. absolut nicht zu, 15,7% würden die Verbreitung von Gerüchten über Konkurrenten teilweise in Erwägung ziehen. Ein nicht unerheblicher Teil der zukünftigen Führungskräfte stimmt dieser Aussage absolut zu (8,7%) bzw. eher zu (13,6%).

Auf die Frage nach einer Legitimation für das Abwerben von qualifizierten Mitarbeitern gaben die Umfrage-Teilnehmer folgende Antworten (siehe Abbildung 28).

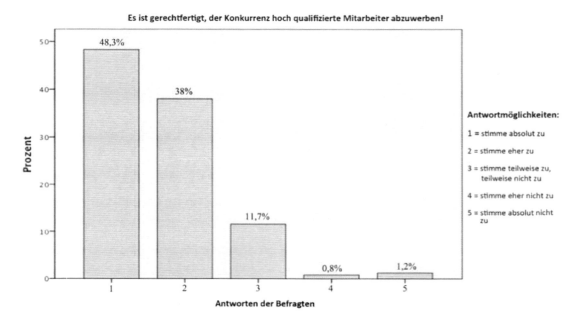

Abbildung 28: Frage 20
Quelle: Eigene Darstellung

Es geht deutlich hervor, dass die überwältigende Mehrheit von 86,4% der Befragten es als gerechtfertigt ansieht, Mitarbeiter der Konkurrenz abzuwerben. Ein solches Verhalten teilweise in Betracht ziehen würden 11,7%. Lediglich 2% der zukünftigen Führungskräfte stimmen dieser Aussage nicht zu.

Des Weiteren wurden die teilnehmenden Studenten im Zuge der vorliegenden Studie gefragt, ob sie Insidergeschäfte für vertretbar halten.

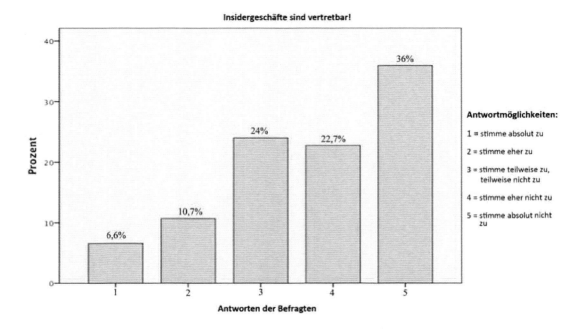

Abbildung 29: Frage 14
Quelle: Eigene Darstellung

Abbildung 29 demonstriert, dass zwar 58,7% der Befragten Insidergeschäfte ablehnen, sie demonstriert aber auch, dass 17,3% der Studenten solchen illegalen Geschäftspraktiken durchaus zustimmend gegenüber stehen. Mit 24% empfindet nahezu jeder vierte der Umfrage-Teilnehmer die angesprochenen Insidergeschäfte zumindest teilweise als vertretbar.

Zu der Frage, ob Steuerschlupflöcher ausgenutzt werden sollen, gaben die zukünftigen Führungskräfte die in Abbildung 30 dargestellten Antworten.

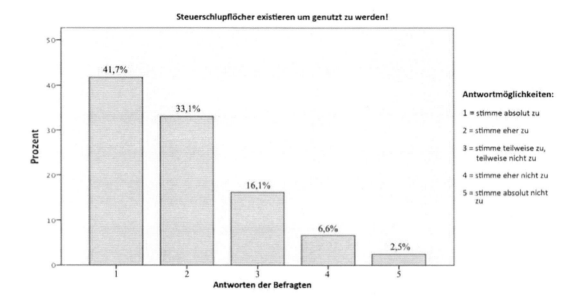

Abbildung 30: Frage 27
Quelle: Eigene Darstellung

Mit 74,8% geben drei von vier Studenten an, dass Regelungslücken im Steuergesetz durchaus auszunutzen sind. Des Weiteren würden 16,1% der Befragten diese Möglichkeit teilweise in Erwägung ziehen, während lediglich 9,1% Steuerschlupflöcher nicht ausnutzen würden.

Frage 17 schließt die Befragung zum CSR-Kernthema „Faires unternehmerisches Handeln" ab. Hier wurden Studenten nach ihrer Meinung zu Preisabsprachen zwischen zwei oder mehreren Mitbewerbern befragt. Abbildung 31 demonstriert das Ergebnis dieser Frage.

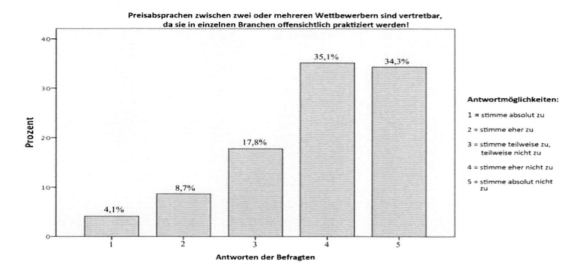

Abbildung 31: Frage 17
Quelle: Eigene Darstellung

Eine Kartellbildung lehnen 69,4% der Umfrage-Teilnehmer ab. Dennoch halten 12,8% der Befragten illegale Preisabsprachen für vertretbar, weitere 17,8% stimmen der Kartellbildung teilweise zu.

6.4.4 Ergebnisse: Kernthema „Schutz der Verbraucher"

Dieser Kernthematik (siehe hierzu Kapitel 4.4.4) der CSR zuzuordnen sind die Fragen 10, 13, 22, 31, 32 und 34 der durchgeführten Studie.

Zunächst wurden die teilnehmenden Studenten gefragt, ob sie Kunden-Hotlines für ein unsinniges und kostenintensives Instrument im Customer Relationship Management halten. Abbildung 32 gibt Aufschluss über die gegebenen Antworten.

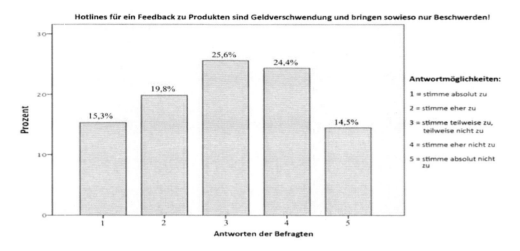

Abbildung 32: Frage 34
Quelle: Eigene Darstellung

Mit 35,1% befindet ein Großteil der Befragten, dass den Kunden nicht die Möglichkeit gegeben werden soll, sich telefonisch zu den Produkten des Unternehmens zu äußern. Dieser Aussage eher bzw. absolut nicht zustimmend, reagieren 38,9% der zukünftigen Manager. Leicht mehr als jeder vierte der Befragten (25,6%) reagiert unentschlossen auf diese Frage.

Zu der Frage, ob nachvertragliche Vereinbarungen auch im Kleingedruckten stehen können, gaben die teilnehmenden Studenten die in Abbildung 33 dargestellten Antworten.

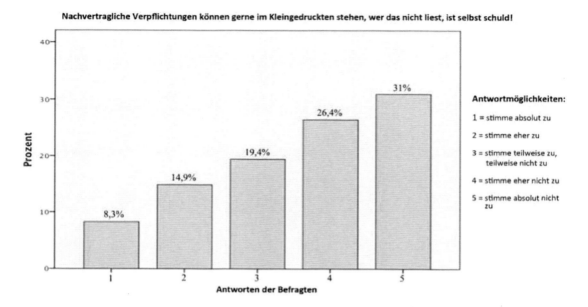

Abbildung 33: Frage 32
Quelle: Eigene Darstellung

Es geht hervor, dass 23,1% der Befragten dieser Aussage zumindest eher zustimmen. Eine teilweise zustimmende Antwort gibt knapp jeder fünfte der zukünftigen Führungskräfte. Mit 57,4% lehnt die Mehrzahl der Studenten diese Aussage jedoch ab.

Die folgenden beiden Fragen zielen auf die Einstellung der Befragten bezüglich einer vom Unternehmen gewollten Irreführung der Verbraucher ab. Die Teilnehmer wurden zunächst gefragt, ob Unternehmen sich gerechtfertigt ein aufgesetztes „grünes" Image verleihen dürfen (Greenwashing), um somit in der heutigen, in Umweltfragen sehr sensiblen Gesellschaft, höhere Umsätze erzielen zu können. Abbildung 34 gibt Aufschluss über die gegebenen Antworten.

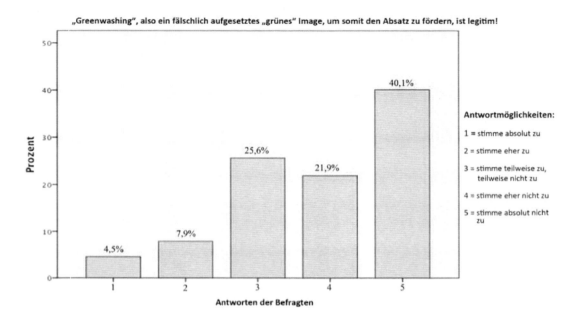

Abbildung 34: Frage 10
Quelle: Eigene Darstellung

Mit 62% stimmt die Mehrheit der Befragten dieser Aussage eher bzw. absolut nicht zu. Teilweise zustimmend/nicht zustimmend reagieren 25,6% der teilnehmenden Studenten. Einer solchen absatzfördernden Maßnahme stehen 12,4% der zukünftigen Manager zustimmend gegenüber.

Des Weiteren wurden die Studien-Teilnehmer nach ihrer Meinung zu korrekten Inhaltsangaben, angepassten Verpackungsgrößen und genauer Kennzeichnung der Produkte befragt. Die Ergebnisse werden in Abbildung 35 dargestellt.

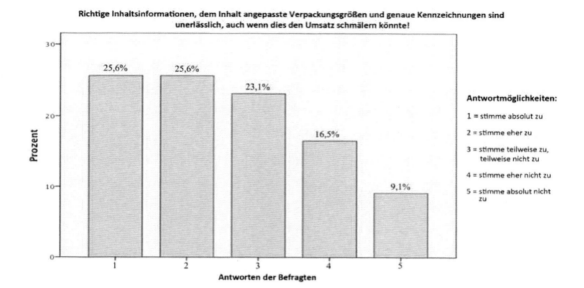

Abbildung 35: Frage 31
Quelle: Eigene Darstellung

Die Mehrheit der Befragten (insgesamt 51,2%) stimmt dieser Aussage zu. Eher nicht zustimmende Antworten geben 16,5% der zukünftigen Führungskräfte während 9,1% dieser Aussage absolut nicht zustimmen. Es gilt also zu bemerken, dass insgesamt 25,6% der Befragten falsche Inhaltsinformationen, Verpackungsgrößen und Kennzeichnungen befürworten, wenn somit höhere Umsätze erzielt werden können. Teilweise nicht zustimmend reagieren 23,1% der Studenten.

Das Thema „Verbraucherschutz" abschließen werden 2 Fragen, die auf die Einstellung der zukünftigen Führungskräfte zu Produkten abzielen, die eine Gesundheitsbeeinträchtigung des Verbrauchers verursachen können.

So wurden die Teilnehmer zunächst gefragt, ob sie die langwierigen Tests, die eine Medikamenten-Zulassung in Deutschland bedarf, befürworten, auch wenn dies Umsatzverluste für die Pharma-Industrie bedeutet (siehe Abbildung 36).

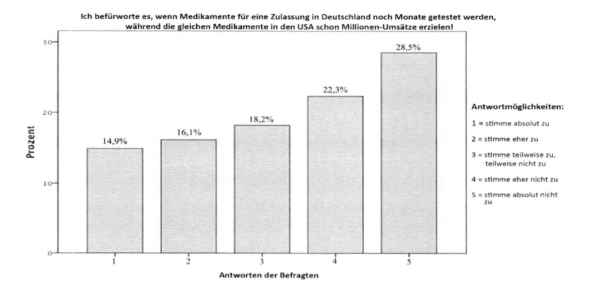

Abbildung 36: Frage 13
Quelle: Eigene Darstellung

Hier gibt mit 50,2% mehr als die Hälfte der Studenten an, dass sie solche andauernden Tests nicht befürworten. Eine möglicherweise verfrühte Markteinführung der Medikamente würden 18,2% teilweise in Erwägung ziehen. Lediglich 31 % stellen die weitreichenden Tests und somit auch den Schutz des Verbrauchers über die Möglichkeit einer früheren Umsatzgenerierung.

Zu der Frage nach einer Nikotin-Konsumerlaubnis für Minderjährige gaben die Umfrage-Teilnehmer die in Abbildung 37 dargestellten Antworten.

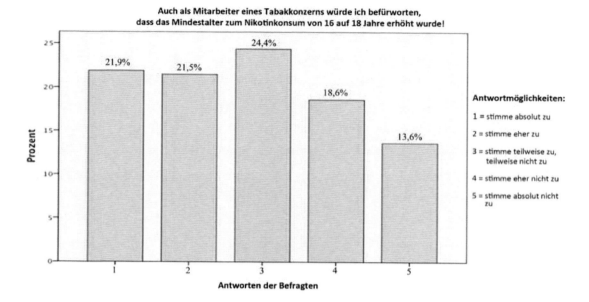

Abbildung 37: Frage 22
Quelle: Eigene Darstellung

Auch hier wird deutlich, dass mit 32,2% ein Großteil der Befragten den möglichen gesundheitlichen Schäden des Verbrauchers nicht die erforderte Verantwortung entgegen bringt und der Aussage von Frage 22 nicht zustimmt. Teilweise nicht zustimmend reagieren 24,4% der zukünftigen Manager. Eine solche Aussage für richtig halten insgesamt 43,4% der Studenten.

6.4.5 Ergebnisse: Kernthema „Soziales Engagement"

Frage 5, 21, 30 und 36 der Umfrage betreffen das soziale Engagement der Unternehmen als Kernthematik der CSR (vgl. Kapitel 4.4.5).

Zunächst wurden die zukünftigen Führungskräfte gefragt, ob sie es nicht befürworten würden, dass sich Unternehmen nach Naturkatastrophen am Wiederaufbau in den betroffenen Gebieten beteiligen. Abbildung 38 demonstriert die gegebenen Antworten in einem Diagramm.

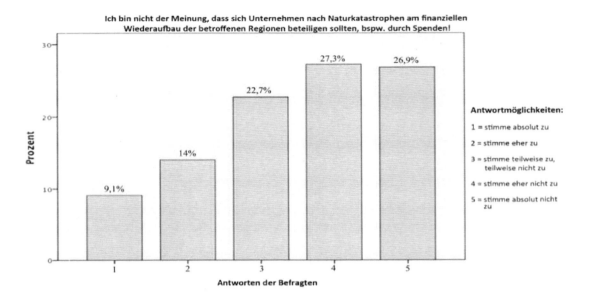

Abbildung 38: Frage 5
Quelle: Eigene Darstellung

Hierzu geben 9,1% der Befragten an, sie würden absolut befürworten, dass sich Unternehmen nicht an einem Wiederaufbau beteiligen. 14% stimmen dieser Aussage eher zu. Der Aussage aus Frage 5 ablehnend gegenüber stehen insgesamt 54,2% der Studenten, 27,3% hiervon lehnen die Aussage eher ab, 26,9% stimmen absolut gegen diese Aussage.

Wie in Kapitel 4.4.5 aufgeführt, zählt auch das Anbieten von Ausbildungsplätzen zu dem sozialen Engagement eines Unternehmens. Dementsprechend wurden die Studenten auch nach ihrer Einstellung zu diesem Punkt befragt, siehe hierzu Abbildung 39.

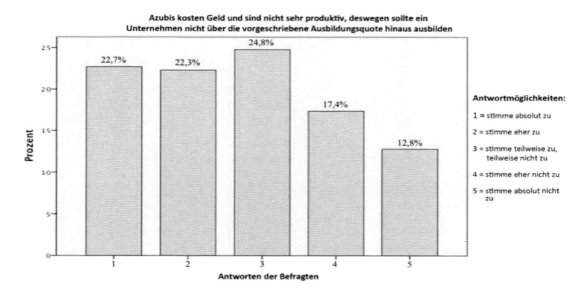

Abbildung 39: Frage 21
Quelle: Eigene Darstellung

Es lässt sich erkennen, dass 22,7% der Aussage aus Frage 21 absolut zustimmen, 22,3% stimmen eher zu. Dementsprechend sind 45% der Befragten gegen ein Ausbildungsplatzangebot über die vorgeschriebene Ausbildungsquote hinaus. Mit insgesamt 30,2% sieht nur jeder dritte der zukünftigen Führungskräfte die Unternehmen in der Verantwortung über diese Ausbildungsquote hinaus auszubilden.

Ein ähnliches Ergebnis liefert auch die Auswertung der folgenden Frage (siehe Abbildung 40).

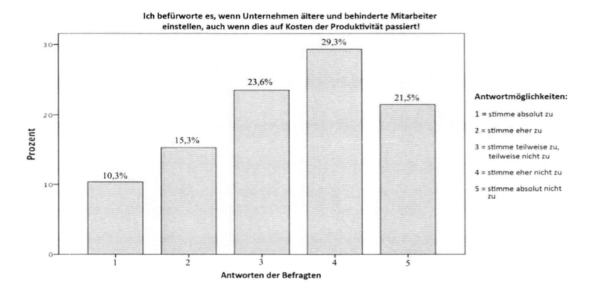

Abbildung 40: Frage 30
Quelle: Eigene Darstellung

Mit 50,8% lehnt jeder zweite der befragten Studenten eine Beschäftigung von älteren oder behinderten Mitarbeitern ab, wenn dies auf Kosten der Produktivität geschieht. In ihrer Meinung unentschlossen zeigen sich 23,6%, während insgesamt lediglich 25,6% der Umfrage-Teilnehmer eine Einstellung von älteren oder behinderten Mitarbeitern befürworten und somit darin eine soziale Verantwortung des Unternehmens sehen.

Dieses Thema abschließen, wird die Frage nach der Zweckmäßigkeit von Corporate Giving, also nach einer finanziellen Unterstützung von bspw. Sportvereinen und Kindergärten seitens des Unternehmens.

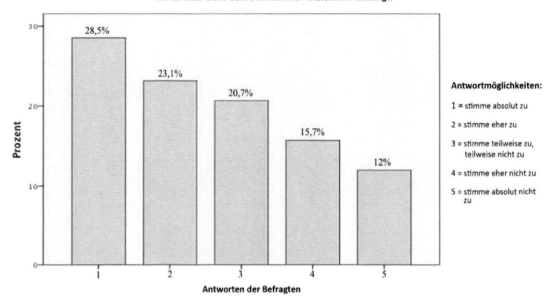

Abbildung 41: Frage 36
Quelle: Eigene Darstellung

Abbildung 41 zeigt, dass insgesamt 51,6% der zukünftigen Führungskräfte die Meinung vertreten, dass ein solches Engagement des Unternehmens in seiner direkten Umgebung Kosten verursacht, die den Gegenwert dieses Sponsorings überschreiten. Lediglich 27,7% erkennen an, dass sozial denkende Unternehmen mit solchen Sponsoring-Aktivitäten einen enormen nicht-monetären Gegenwert erhalten können.

6.4.6 Ergebnisse: Allgemeine ethische Einstellung der zukünftigen Führungskräfte

Insgesamt 6 Fragen der Studie sollen einen Aufschluss über die allgemeine ethische Einstellung der zukünftigen Führungskräfte geben. Im Folgenden werden die Ergebnisse hierzu dargestellt.

Zunächst wurden die Studenten nach ihrer Meinung zu Whistleblowern befragt, also zu Mitarbeitern, die Missstände im Unternehmen aufdecken und sie zum Wohle der Allgemeinheit an die Öffentlichkeit bringen. Das Ergebnis illustriert Abbildung 42.

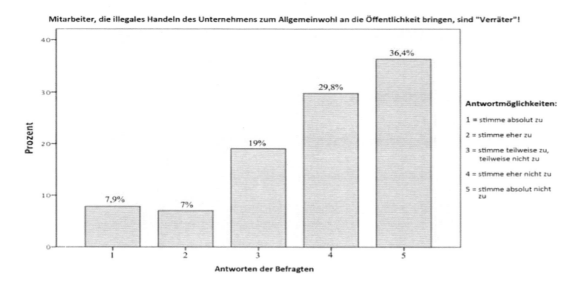

Abbildung 42: Frage 15
Quelle: Eigene Darstellung

Mit 14,9% stimmen 36 der 242 Befragten der Aussage zu und sind somit der Meinung, dass Whistleblower unmoralisch gegenüber ihrem Unternehmen handeln. Zwei von drei (66,2%) der zukünftigen Führungskräfte stimmen der Aussage nicht zu und empfinden es als gerechtfertigt, wenn Mitarbeiter ein illegales Handeln des eigenen Unternehmens an die Öffentlichkeit bringen.

Eine weitere Frage zu der allgemeinen ethischen Einstellung der Studenten beschäftigt sich mit den persönlichen ethischen Wertvorstellungen der Befragten. So wurden die Teilnehmer gefragt, ob sie diese Wertvorstellungen über die Sicherung des eigenen Arbeitsplatzes stellen würden. Abbildung 43 demonstriert die Verteilung der Antworten.

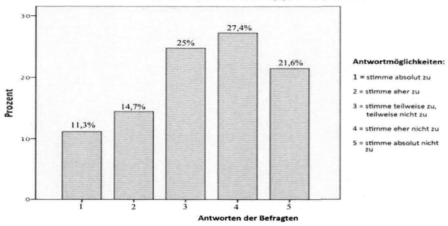

Abbildung 43: Frage 35
Quelle: Eigene Darstellung

Insgesamt geben 26% der Befragten an, dass ihnen ihre Wertvorstellung wichtiger ist, als die Sicherung ihres Arbeitsplatzes. Jeder vierte der Studenten würde eine solche Entscheidung von Fall zu Fall abwägen. Mit insgesamt 49% gibt knapp die Hälfte der zukünftigen Führungskräfte an, dass sie ihren Job über ihre Wertvorstellungen stellen.

Des Weiteren wurden die Studenten gefragt, ob sie eher den wirtschaftlichen Erfolg eines Unternehmens oder ein ethisch korrektes Image präferieren, wenn sie als Shareholder des Unternehmens auftreten (siehe Abbildung 44).

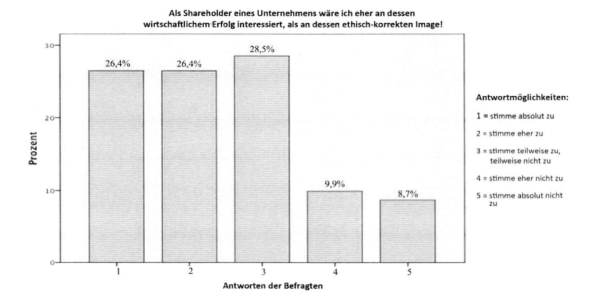

Abbildung 44: Frage 25
Quelle: Eigene Darstellung

Hierzu gibt mit 52,8% die Mehrheit der Studenten an, dass sie den wirtschaftlichen Erfolg eines Unternehmens dessen ethisch-korrekten Image vorzieht. Lediglich 18,6% der Befragten legen hierbei mehr Wert auf das Image des Unternehmens.

Frage 33 des Fragebogens beschäftigt sich mit der Bereitschaft zur korrekten Abgabe von Steuerverpflichtungen und ergründet, ob die zukünftigen Führungskräfte im Privatleben einen Gebrauch von Schwarzarbeit in Erwägung ziehen. Die Ergebnisse zu dieser Frage werden in Abbildung 45 dargestellt.

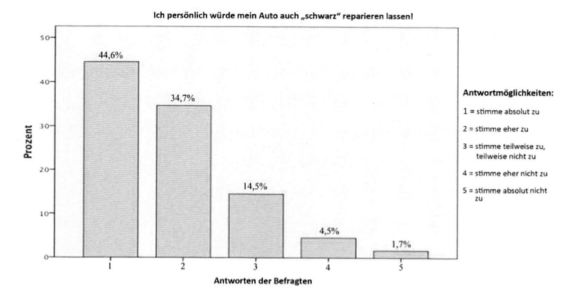

Abbildung 45: Frage 33
Quelle: Eigene Darstellung

Die absolute Mehrheit von 79,3% der Befragten würde das eigene Auto durch Schwarzarbeit reparieren lassen und sich somit der Steuerhinterziehung strafbar machen. Lediglich 6,2% der zukünftigen Führungskräfte geben an, dass sie von dieser Möglichkeit keinen Gebrauch machen würden. Mit 14,5% der Studenten geben 35 der 242 Umfrage-Teilnehmer an, sie würden hier von Fall zu Fall entscheiden.

Des Weiteren wurden die zukünftigen Führungskräfte gefragt, ob sie es nach dem Studium bevorzugen in einer eigenen Kantine getrennt von ihren Mitarbeitern zu essen. Die Antworten werden in Abbildung 46 illustriert.

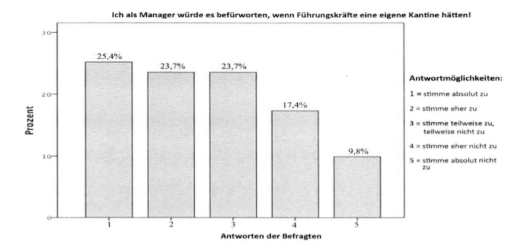

Abbildung 46: Frage 29
Quelle: Eigene Darstellung

Hierzu geben 49,1% der Befragten an, dass sie es befürworten, wenn Führungskräfte getrennt von Mitarbeitern der unteren Ebenen essen. Dieser Aussage teilweise zustimmend stehen 23,7% gegenüber. Eine solche „Manager-Kantine" lehnen 17,4% eher ab und 9,8% der Teilnehmer stehen der Aussage von Frage 29 absolut ablehnend gegenüber.

Die abschließende Frage beschäftigt sich mit der Einstellung der Studenten bezüglich der zukünftigen Relevanz eines gesellschaftlichen Engagements von Unternehmen. Die folgende Abbildung zeigt die Ergebnisse hierzu auf.

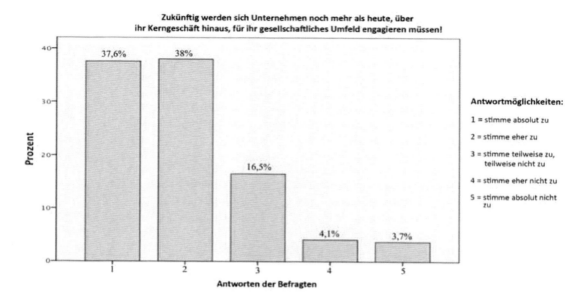

Abbildung 47: Frage 23
Quelle: Eigene Darstellung

Dieser Aussage absolut zustimmend gegenüber stehen 37,6% der Befragten, 38% stimmen eher zu. Lediglich 7,8% der zukünftigen Führungskräfte sind nicht der Meinung, dass sich die Unternehmen zukünftig noch mehr als heute für ihr gesellschaftliches Umfeld engagieren müssen.

6.4.7 Zusammenhänge der gegebenen Antworten und dem Angebot von Vorlesungen zum Thema Unternehmensethik

Im Zuge der Untersuchung zu dieser Studie ließ sich feststellen, dass eine Abhängigkeit zwischen den gegebenen Antworten der Studenten und der Tatsache besteht, ob in den jeweiligen Studiengängen Vorlesungen zum Thema „Unternehmensethik" angeboten werden (Frage 37 der Studie). Die folgenden Diagramme von Kreuztabellen zu den betreffenden Fragen demonstrieren dies. Es werden im Folgenden nur Diagramme zu ausgewählten Fällen abgebildet. Weitere Abbildungen, die eine solche Abhängigkeit unterstreichen, sind diesem Buch in den Anlagen 12 bis 19 beigefügt.

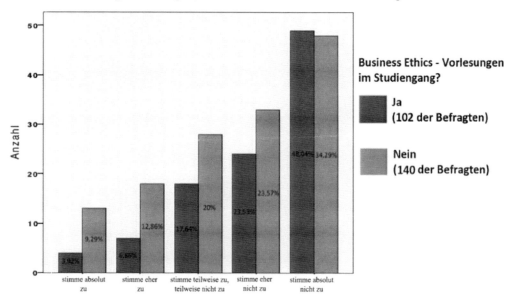

Abbildung 48: Diagramm zur Kreuztabelle von Frage 4 und Frage 37
Quelle: Eigene Darstellung

Abbildung 48 beweist, dass lediglich 3,92% der Studenten mit Vorlesungen zu Unternehmensethik einem Einsatz von Schmiergeldern in Deutschland absolut zustimmen. Unter den Studenten ohne diese Vorlesungen im Studiengang ist der Anteil derer, die dieser Aussage absolut zustimmen mit 9,29% mehr als doppelt so hoch. Bei der Antwortmöglichkeit „stimme eher zu" lässt sich ähnliches erkennen. Es nutzten nur 6,86% der Befragten mit Vorlesungen zu Unternehmensethik diese Antwortmöglichkeit, während bei den Studenten ohne solche Vorlesungen 12,86% hier eher zustimmten.

Die folgende Grafik demonstriert den Zusammenhang zwischen den gegebenen Antworten zu der Aussage „Bei Lieferanten achte ich auf deren Preise und nicht auf die dortigen Arbeitsbedingungen" und dem Angebot von Vorlesungen zum Thema Business Ethics in den jeweiligen Studiengängen der Antwortenden.

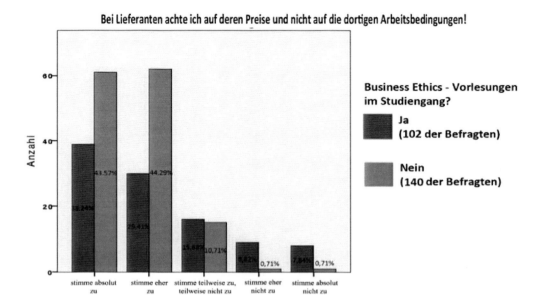

Abbildung 49: Diagramm zur Kreuztabelle von Frage 19 und Frage 37
Quelle: Eigene Darstellung

Hier lässt sich erkennen, dass der Anteil der Studenten, denen keine Vorlesungen zum Thema Business Ethics angeboten werden und die dieser Aussage zumindest eher zustimmend gegenüber stehen, weitaus höher ist als der Anteil der Studenten mit solchen Vorlesungen. So geben insgesamt 87,86% der im Bereich Business Ethics ungeschulten Studenten an, sie würden bei Lieferanten eher auf den Preis, als auf die dortigen Arbeitsbedingungen achten. Im Vergleich stimmen dieser Aussage lediglich 67,65% der im Bereich Business Ethics geschulten Studenten zu.

Auch bei der Frage nach einer Verantwortung der deutschen Unternehmen für Schulungen in Sachen Menschenrechte und Arbeitsbedingungen bei ihren Zulieferern in der Dritten Welt lässt sich die eindeutige Tendenz erkennen, dass Studenten ohne Kurse der Unternehmensethik eher dazu tendieren die, vom ethischen Standpunkt her betrachtet, unkorrekte Antwortmöglichkeit zu der Aussage zu wählen. Abbildung 50 illustriert dies in einem Diagramm.

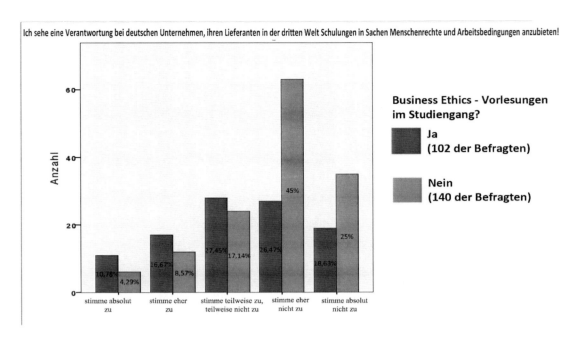

Abbildung 50: Diagramm zur Kreuztabelle von Frage 28 und Frage 37
Quelle: Eigene Darstellung

Es wird deutlich, dass exakt 70% der Studenten ohne Vorlesungen zur Unternehmensethik eine solche Aussage eher oder absolut ablehnen. Der Anteil der Studenten mit solchen Vorlesungen liegt hierbei bei weitaus geringeren 45,1%.

Den gravierendsten Zusammenhang dieser Untersuchung liefert der Kreuzvergleich der Antworten zu Frage 36 und Frage 37, der in folgendem Diagramm dargestellt wird.

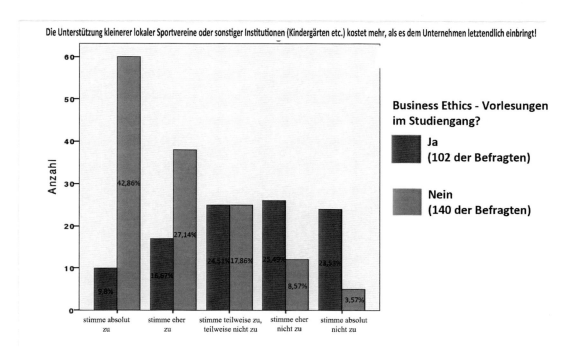

Abbildung 51: Diagramm zur Kreuztabelle von Frage 36 und Frage 37
Quelle: Eigene Darstellung

Bei den beiden Möglichkeiten einer zustimmenden Antwort zu dieser Aussage stehen den 70% der im Bereich Unternehmensethik ungeschulten Studenten lediglich 26,65% der Studenten gegenüber, die zu diesem Thema geschult werden.

Auch bei der Aussage, dass Unternehmen Umweltschutz nur aus Imagegründen betreiben, macht sich ein Unterschied zwischen den beiden Studenten-Gruppen bemerkbar, wie Abbildung 52 aufzeigt.

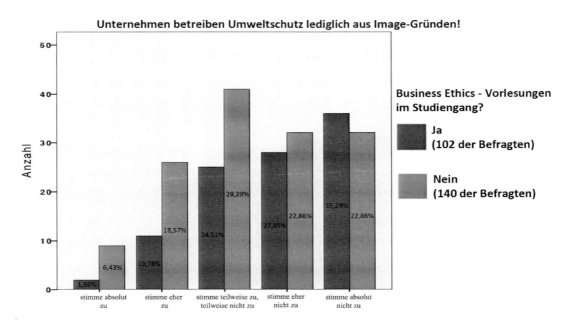

Abbildung 52: Diagramm zur Kreuztabelle von Frage 8 und Frage 37
Quelle: Eigene Darstellung

Hierzu geben mit 12,74% der Studenten mit Vorlesungen zur Unternehmensethik eine der beiden zustimmenden Antworten. Bei diesen beiden Antwortmöglichkeiten ist der Anteil von Studenten ohne solche Vorlesungen im Studiengang mit 25% weitaus größer.

Ein Kreuzvergleich von Frage 23 und Frage 37 spiegelt ein ähnliches Ergebnis wider. So werden die Studenten nach ihrer Einstellung zu der Aussage befragt, ob sich Unternehmen in der Zukunft noch stärker als heute für ihr gesellschaftliches Umfeld engagieren müssen, siehe hierzu Abbildung 53.

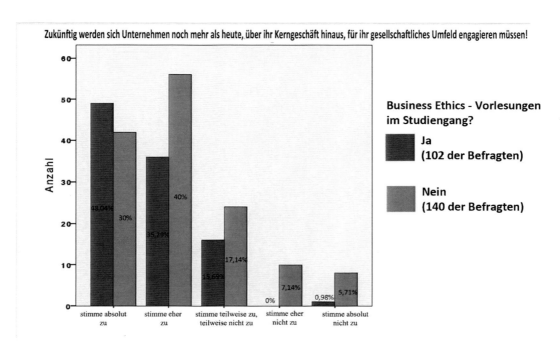

Abbildung 53: Diagramm zur Kreuztabelle von Frage 23 und Frage 37
Quelle: Eigene Darstellung

Es ist deutlich zu erkennen, das mit 0,98% nur ein verschwindend geringer Anteil der Studenten mit Vorlesungen zur Unternehmensethik eine solche Aussage ablehnen. Im Vergleich hierzu stehen 12,85% der Studenten ohne solche Vorlesungen dieser Aussage ablehnend gegenüber und sehen somit keine zukünftige Verpflichtung für ein gesellschaftliches Engagement der Unternehmen.

Ein solcher Zusammenhang konnte im Zuge der Auswertung dieser Studie bei einem Großteil der gestellten Fragen festgestellt werden. Wie in diesem Kapitel bereits einleitend erwähnt, sind weitere Beispiele hierzu dieser Untersuchung in den Anlagen 12 bis 19 beigefügt.

7. Fazit

Unternehmensethik und die damit verbundene soziale Verantwortung der Unternehmen prägen seit den letzten Jahrzehnten die Wirtschaftswelt. Wirtschaftliche Ziele der Unternehmung können i.d.R. nur in vollem Ausmaß erreicht werden, wenn das Unternehmen sich auch ethisch korrekte, gesellschaftliche Ziele setzt und diese erfüllt. Unternehmensskandale und unmoralisches Handeln des Unternehmens bzw. seiner Angestellten führen zu einem Imageschaden und können durchaus Umsatzeinbußen zur negativen Folge haben.

Der in Kapitel 4 vorgestellte Schlüsselbegriff CSR und dessen zugehörigen Kernthemen haben aufgezeigt, in welchen speziellen Bereichen eine Unternehmung aktiv sein sollte, um von der Öffentlichkeit als ein nach ethischen Maßstäben fungierendes Unternehmen wahrgenommen zu werden. Diese Kernthemen geben somit den Rahmen der moralischen Verpflichtung von Unternehmen vor.

Die externe und interne Kontrolle einer Einhaltung dieser moralischen Verpflichtungen des Unternehmens obliegt seinen Stakeholdern. Von außen wirkt bspw. der Staat durch Gesetzgebung und einer damit verbundenen Vorgabe von Verhaltensregeln und Kodizes auf die Unternehmen ein. NGOs überwachen eine Einhaltung dieser Kodizes und decken Verstöße auf. Die Nachricht über solche Verstöße findet durch die Macht der Medien schnell den Weg an die allgemeine Öffentlichkeit und somit auch an die Kunden und Shareholder des Unternehmens. Eine interne Kontrolle des moralischen Handelns übernehmen die Mitarbeiter des Unternehmens, wie die Anzahl der Fälle des Whistleblowing beweist. Ein weiteres internes Kontrollorgan stellen die Führungskräfte dar, geben und leben sie schließlich die ethische Philosophie des Unternehmens in einem Top-down Prozess vor.

Die vorliegende Studie zeigt, dass bei der ethischen Einstellung der zukünftigen Führungskräfte Handlungsbedarf besteht. Die dem Buch zu Grunde liegende Untersuchung liefert stellenweise erschreckende Ergebnisse. Zwar geben die zukünftigen Führungskräfte zu einem Großteil der Fragen mehrheitlich „ethisch korrekte" Antworten, jedoch ist die Anzahl derer, die sich für eine eher unmoralische Antwortmöglichkeit entschieden haben, nicht zu unterschätzen. Insbesondere bei der Untersuchung nach einer Verantwortung auch für Geschäftspartner in der Supply Chain des eigenen Unternehmens, gibt sogar die Mehrheit der

Befragten Antworten ab, die erkennen lassen, dass sich die zukünftigen Führungskräfte dieser Verantwortung nicht bewusst sind. Des Weiteren liefern auch die Fragen nach einer erweiterten Arbeitnehmer-Mitbestimmung und nach Einschnitten in die Persönlichkeitsrechte der Mitarbeiter beunruhigende Ergebnisse. Selbst zum Thema Umweltschutz, ein Thema dessen Brisanz und Aktualität jedem durch die tägliche mediale Diskussion bewusst sein sollte, wählt ein nicht zu unterschätzender Prozentsatz der zukünftigen Manager eine der moralisch bedenklichen Antworten aus. Ebenso kritisch zu betrachten sind auch die Untersuchungsergebnisse zum Thema „Faires unternehmerisches Handeln", als Beispiel sei hier genannt, dass 17,3% der Befragten einer Anwendung von Korruption in Deutschland zustimmen. Ähnlich ernste Ergebnisse spiegelt auch die Auswertung der Antworten zu den Kernthemen-Bereichen „Verbraucherschutz" und „Soziales Engagement" wider.

Über die Ergebnisse der Auswertung zu den Kernthemen-Bereichen hinaus zeigt diese Untersuchung auf, dass Interdependenzen zwischen den gegebenen Antworten der Studenten und einem Angebot von Vorlesungen zum Thema Unternehmensethik zu erkennen sind. Dementsprechend geben die Studenten, denen Vorlesungen und Kurse zum diesem Thema angeboten wurden, bei der großen Mehrheit der Fragen eher eine „ethisch korrekte" Antwort ab, als Studenten, denen solche Vorlesungen in ihrem Studiengang nicht angeboten wurden.

Abschließend lassen sich dementsprechend die in diesem Buch in Kapitel 5 aufgeführten Forderungen nach einem neuen Bildungsverständnis für die Aus- und Weiterbildung der zukünftigen Führungskräfte und nach einer diesbezüglichen Verantwortung der Universitäten unterstreichen.

Literaturverzeichnis

Bücher

- Alisch, Katrin; Winter, Eggert (2004);

  Gabler Wirtschaftslexikon

  16. Auflage; Gabler-Verlag; Wiesbaden

- Aßländer, Michael (2011);

  Grundlagen der Wirtschafts- und Unternehmensethik;

  1. Auflage; Metropolis Verlag; Marburg

- Bauernberger, Johannes (2007);

  Krisenmanagement und Unternehmensethik;

  1.Auflage; GRIN-Verlag; München

- Baumgartner, Rupert; Biedermann, Hubert; Ebner, Daniela (2007);

  Unternehmenspraxis und Nachhaltigkeit;

  1. Auflage; Hampp-Verlag; Mering

- Bea, Franz; Helm, Roland; Schweitzer, Marcell (2009);

  BWL-Lexikon;

  1. Auflage; UTB-Verlag; Stuttgart

- Becker, Fred (2006);

  Einführung in die Betriebswirtschaftslehre;

  1. Auflage; Springer-Verlag; Berlin

- Berkel, Karl; Herzog, Rainer (1997);

  Unternehmenskultur und Ethik;

  1. Auflage; Sauer-Verlag; Heidelberg

- Birnbacher, Dieter (1997);

  Texte zur Ethik;

  1. Auflage; DTV-Verlag; München

- Boms, Annette (2008);

  Unternehmensverantwortung und Nachhaltigkeit;

  1. Auflage; Eul-Verlag; Lohmar

- Bulmann, Antje (2007);

  Mehrwert durch mehr Wert;

  1. Auflage; Europäischer Hochschulverlag; Paderborn

- Corsten, Hans; Gössinger, Ralf (2008);

  Lexikon der Betriebswirtschaftslehre;

  5. Auflage; Oldenbourg-Verlag; München

- Crane, Andrew; Matten, Dirk (2006);

  Business Ethics;

  2. Auflage; Oxford University Press; Oxford

- De Colle, Simone (2010);

  Stakeholder Theory;

  1. Auflage; Cambridge University Press; Cambridge

- Dietzfelbinger, Daniel (2002);

  Unternehmens- und Wirtschaftsethik;

  3. Auflage; UTZ-Verlag; München

- Dietzfelbinger, Daniel (2007);

  Praxisleitfaden Unternehmensethik;

  1. Auflage; Gabler-Verlag; Wiesbaden

- Dresewski, Felix (2004);

  Corporate Citizenship: Ein Leitfaden für das soziale Engagement mittelständischer Unternehmer;

  1. Auflage; UPJ; Berlin

- Elkington, John; Epstein, Marc (2007);

  Making Sustainability Work;

  1. Auflage; Berret_Köhler Verlag; Sheffield

- Fassbender-Wynands, Ellen (2001);

  Umweltorientierte Lebenszyklusrechnung – Instrument zur Unterstützung des Umweltkostenmanagements

  1. Auflage; Gabler-Verlag; Wiesbaden

- Faust, Thomas (2003);

  Organisationskultur und Ethik;

  1. Auflage; Tenea-Verlag; Berlin

- Fonari, Alexander (2004);

  Global Compact;

  1. Auflage; Germanwatch; Bonn

- Glombitza, Anna (2012);

  Corporate Social Responsibility in der Unternehmenskommunikation;

  1. Auflage; Polisphere-Verlag; Berlin

- Göbel, Elisabeth (2010):

  Unternehmensethik: Grundlagen und praktische Umsetzung;

  2. Auflage; UTB-Verlag; Stuttgart

- Gottwald, Franz-Theo; Etscheit, Georg; Liebermann, Silvia (2008);

  Die Bio-Macher: 20 Reportagen für bewusste Genießer: Was bewusste Geniesser wissen sollten. Produkte-Unternehmen-Handel;

  1. Auflage; Knesebeck-Verlag; München

- Gutenberg, Erich (1983);

  Grundlagen der Betriebswirtschaftslehre;

  24. Auflage; Springer-Verlag; Berlin

- Hardtke, Arnd; Kleinfeld, Annette (2010);

  Gesellschaftliche Verantwortung von Unternehmen;

  1. Auflage; Gabler-Verlag; Wiesbaden

- Hauff, Michael von; Kleine, Alessandro (2009);

  Nachhaltige Entwicklung: Grundlagen und Umsetzung;

  1. Auflage; Oldenbourg; München

- Herchen, Oliver (2007);

  Corporate Social Responsibility: Wie Unternehmen mit ihrer ethischen Verantwortung umgehen;

  1. Auflage; Books on Demand; Norderstedt

- Herdzina, Klaus; Seiter, Stephan (2009);

  Einführung in die Mikroökonomik;

  11. Auflage; Vahlen-Verlag; München

- Höffe, Ottfried (1981);

  Sittlich-politische Diskurse;

  1. Auflage; Suhrkamp-Verlag; Berlin

- Hölz, Hanns Michael (2008);

  Der UN Global Compact in Handbuch CC;
  1. Auflage; Springer-Verlag, Berlin

- Homann, Karl; Blome-Drees, Franz (1992);

  Wirtschafts- und Unternehmensethik;
  1. Auflage; UTB-Verlag; Stuttgart

- Jonker, Jan; Eskildsen, Jacob (2008);

  Management Models for the Future;
  1. Auflage; Springer Verlag; Berlin

- Jonker, Jan; Stark, Wolfgang; Tewes, Stefan (2010);

  Corporate Social Responsibility und nachhaltige Entwicklung: Einführung, Strategie und Glossar;
  1. Auflage; Springer-Verlag; Berlin

- Keinert, Christina (2008);

  Corporate Social Responsibility as an International Strategy;
  1. Auflage; Physica Verlag; Heidelberg

- Kirchhoff, Klaus Rainer; Gazdar, Kaevan; Habisch, André; Vaseghi, Sam (2006);

  Erfolgsfaktor Verantwortung: CSR professionell managen;
  1. Auflage; Springer Verlag; Berlin

- Kirchwehm, Oliver (2010);

  Reformen der Corporate Governance in Japan und Deutschland
  1. Auflage; Verlag Peter Lang; Frankfurt

- Klein, Stephan (2012);

  Die Bedeutung nachhaltigen Verhaltens von Unternehmen;
  1. Auflage; Compendio Bildungsmedien; Zürich

- Korndörfer, Wolfgang (2003);

  Allgemeine Betriebswirtschaftslehre;
  13. Auflage; Gabler-Verlag; Wiesbaden

- Kröker, Roland (2010);

  Ansätze zur Implementierung von CSR;
  1. Auflage; Peter Lang Verlag; Bern

- Küpper, Hans-Ulrich (2006);

  Unternehmensethik: Hintergründe, Konzepte, Anwendungsbereiche;
  1. Auflage; Schäffer Poeschel Verlag; Stuttgart

- Kummer, Serena (2009);

  SWOT-gestützte Analyse des Konzepts der Corporate Social Responsibility;
  1. Auflage; Books on Demand; Norderstedt

- Kunze, Max (2008);

  Unternehmensethik und Wertemanagement in Familien- und Mittelstandsunternehmen;
  1. Auflage; Gabler-Verlag; Wiesbaden

- Kuo, Hui-Hsüan (2010);

  Corporate Social Responsibility als Marketingstrategie zur Positionierung von Unternehmen;
  1. Auflage; GRIN-Verlag; München

- Laeis, Clara (2005);

  Corporate Citizenship: Unternehmerische Bürgerkompetenz;
  1. Auflage; LIT-Verlag; Münster

- Leisinger, Klaus (1997);

  Unternehmensethik – Globale Verantwortung und modernes Management;
  1. Auflage; Beck-Verlag; München

- Lieber, Bernd (2007);

  Personalführung: leicht verständlich;
  2. Auflage; UTB-Verlag; Stuttgart

- Lübcke, Eileen; Ruth, Klaus; Yim, Il-sop (2007);

  Corporate Social Responsibility „Made in China";
  1. Auflage; ITB; Bremen

- Lukatsch, Sandra (2010);

  Corporate Social Responsibility in China
  1. Auflage; Diplomica-Verlag; Hamburg

- Müller-Christ, Georg; Rehm, Annika (2010);

  Corporate Social Responsibility as Giving Back;
  1. Auflage; LIT-Verlag; Münster

- Müller, Martin; Schaltegger, Stefan (2007);

  Corporate Social Responsibility;
  1. Auflage; Oekom-Verlag; München

- Müller, Thomas (2009);

  Unternehmensethik und Corporate Citizenship;
  1. Auflage; Diplomica-Verlag; Hamburg

- Münstermann, Matthias (2007);

  Corporate Social Responsibility: Ausgestaltung und Steuerung von CSR-Aktivitäten;
  1. Auflage; Gabler-Verlag; Wiesbaden

- Neureiter, Martin; Habisch, André; Schmidpeter, René (2007);

  Handbuch Corporate Citizenship: Corporate Social Responsibility für Manager;
  1. Auflage; Springer-Verlag; Heidelberg

- Noll, Bernd (2002);

  Wirtschafts- und Unternehmensethik in der Marktwirtschaft;
  1. Auflage; Kohlhammer-Verlag; Stuttgart

- Osburg, Thomas (2010);

  Hochschulsponsoring als Corporate Citizenship;
  1. Auflage; Logos-Verlag; Berlin

- Pieckenbrock, Dirk (2010);

  Gabler Kompakt-Lexikon Wirtschaft;
  10. Auflage; Gabler-Verlag; Wiesbaden

- Pohl, Anika (2005);

  Kundenbindung durch Corporate Citizenship;
  1. Auflage; GRIN-Verlag; München

- Ricken, Friedo (2003);

  Allgemeine Ethik;
  1. Auflage; Kohlhammer-Verlag; Stuttgart

- Riede, Milena (2012);

  Determinanten erfolgreicher Stakeholderdialoge;
  1. Auflage; Kassel University Press; Kassel

- Roth, Katja (2006);

  Corporate Citizenship von Kreditgenossenschaften in Deutschland;
  1. Auflage; LIT-Verlag; Münster

- Schindler, Marie-Christine; Liller, Tapio (2012);

  PR im Social Web: Das Handbuch für Kommunikationsprofis;
  1. Auflage; O'Reilly-Verlag; Köln

- Schmied, Martin; Götz, Konrad; Kreilkamp, Edgar; Buchert, Matthias; Hellwig, Thomas; Otten, Sabine (2008);

  Traumziel Nachhaltigkeit;
  Auflage; Physica-Verlag; Heidelberg

- Schmidt, Matthias (2001);

  Selbstorganisation – System – Ethik;
  1. Auflage; Institut Unternehmensführung; Kaiserslautern

- Schmitt, Katharina (2005);

  Corporate Social Responsibilty in der strategischen Unternehmensführung;
  1. Auflage; GRIN-Verlag; München

- Schneider, Andreas; Schmidpeter, René (2012);

  Corporate Social Responsibility: Verantwortungsvolle Unternehmensführung in Theorie und Praxis;
  1. Auflage; Springer Verlag; Berlin

- Solberg Søilen, Klaus (2010);

  Wirtschaftsspionage in Verhandlungen aus informationsökonomischer und wirtschaftsethischer Perspektive
  1. Auflage; GRIN Verlag; München

- Schuppisser, Stefan (2003);

  Stakeholder Management;

  1. Auflage; Haupt-Verlag; Bern

- Staffelbach, Bruno (1994);

  Management – Ethik: Ansätze und Konzepte aus betriebswirtschaftlicher Sicht;

  1. Auflage; Paul Haupt Verlag; Bern

- Tauberger, André (2008);

  Controlling für die öffentliche Verwaltung;

  1. Auflage; Oldenbourg-verlag; München

- Tiede, Christoph (2008);

  Business Ethics als Lehrmodul

  1. Auflage; GRIN-Verlag; München

- Töpfer, Armin (2007);

  Betriebswirtschaftslehre;

  1. Auflage; Springer-Verlag; Berlin

- Tropp, Jörg (2011);

  Moderne Marketing Kommunikation;

  1. Auflage; Gabler-Verlag; Wiesbaden

- Unterlöhner, Reimar (2005);

  Fair zur Gesellschaft – Macht und Eigentum verpflichten;

  1. Auflage; Murmann Verlag; Hamburg

- Vahrenholt, Fritz (2000);

  Unternehmensethik in der Wirtschaftspraxis;

  1. Auflage; Hampp-Verlag; München

- Weber, Wolfgang; Kabst, Rüdiger (2008);
  Einführung in die Betriebswirtschaftslehre;
  7. Auflage; Gabler-Verlag; Wiesbaden

- Werder, Axel von; Hommelhoff, Peter; Hopt, Klaus (2009)
  Handbuch Corporate Governance
  2. Auflage; Schäffer-Poeschel; Stuttgart

- Wieland, Josef (2004);
  Handbuch Wertemanagement;
  1.Auflage; Murmann-Verlag; Hamburg

- Wildmann, Lothar (2010);
  Einführung in die Volkswirtschaftslehre;
  1.Auflage; Oldenbourg-Verlag; München

- Wöhe, Günter (2010);
  Einführung in die Allgemeine Betriebswirtschaftslehre;
  24. Auflage; Vahlen-Verlag; München

- Zaremba, Alan Jay (2009);
  Crisis Communication;
  1. Auflage; Sharpe-Verlag; New York

- Zehetbauer, Andrea (2012);
  Gesellschaftsorientierte Marktkommunikation - Gesellschaftspolitische Notwendigkeit oder Widerspruch in sich: Unter besonderer Berücksichtigung konsumorientierter und konsumkritischer Ansätze;
  1.Auflage; GRIN-Verlag; München

- Zirnig, Daniel (2009);

    Corporate Social Responsibility;

    1. Auflage; Diplomica-Verlag; Hamburg

Zeitschriftenaufsätze

- Freeman, Edward (2004);

    The Stakeholder Approach Revisited

    In: Zeitschrift für Wirtschafts- und Unternehmensethik (zfwu)

    Ausgabe: 3/5/2004; Hampp-Verlag; Mering

- Hax, Herbert (1993);

    Unternehmensethik – Ordnungselement der Marktwirtschaft;

    In: Zeitschrift für betriebswirtschaftliche Forschung 45

    Heft 9; S.770

- Schumann, Olaf (2007);

    Business Ethics Academy

    In: Forum Wirtschaftsethik

    15. Jg. Nr.4/2007

Aufsätze aus Sammelbänden

- Di Fabio, Udo (2005);

    Die Idee der Universität

    In: Huber, Bernd; Humboldt neu denken – Qualität und Effizienz der neuen Universitas

    1. Auflage; Hans Martin Schleyer Stiftung; Köln

- Dörner, Dietrich; Orth, Christian (2005)

    Bedeutung der Corporate Governance für Unternehmen und Kapitalmärkte

    In: Pfitzer, Norbert; Oser, Peter; Orth, Christian; Deutscher Corporate Governance Kodex;

    2. Auflage; Schäffer-Poeschel; Stuttgart

- Eisenblätter, Bernd (2010)

    Geleitwort

    In: Hardtke, Arnd; Kleinfeld, Annette; Gesellschaftliche Verantwortung von Unternehmen

    1. Auflage; Gabler-Verlag; Wiesbaden

- Fischer, Thomas; Sawczyn, Angelika; Brauch, Benedikt (2009);

    Nachhaltigkeit und Sustainability Accounting

    In: Wall, Friederike; Schröder, Regina; Controlling zwischen Shareholder Value und Stakeholder Value;

    1. Auflage; Oldenbourg; München

- Frey, Dieter (2005

    Vortrag

    In: Huber, Bernd; Humboldt neu denken – Qualität und Effizienz der neuen Universitas

    1. Auflage; Hans Martin Schleyer Stiftung; Köln

- Gabriel, Sigmar (2007);

  Verantwortungsvolle Unternehmensführung heute;
  In: Lenzen; Fengler: Berufsbild CSR-Manager;
  2. Auflage; Mediengruppe Macondo; Münster

- Herzig, Christian; Pianowski, Mathias (2008);

  Nachhaltigkeitsberichterstattung
  In: Baumast, Anette; Pape, Jens (Hrsg.): Betriebliches Umweltmanagement. Nachhaltiges Wirtschaften im Unternehmen.
  1. Auflage; Ulmer-Verlag; Stuttgart

- Heuberger, Franz (2007);

  CC als Herausforderung an die Politik;
  In Habisch; Schmidpeter; Neureiter; Handbuch für Corporate Citizenship;
  1. Auflage; Springer Verlag; Berlin

- Schwalbach, Joachim; Schwerk, Anja (2008):

  Corporate Governance und Corporate Citizenship,
  In: Habisch; Schmidpeter; Neureiter: Handbuch für Corporate Citizenship.
  1. Auflage; Springer Verlag; Berlin

- Werder, Axel von (2006);

  Corporate Governance (Unternehmensverfassung)
  In: Handelsblatt; Wirtschaftslexikon
  Band 3; Schäffer-Poeschel; Stuttgart

Internetquellenverzeichnis

- Accountability

    AA1000 Prüfungsstandard

    http://www.accountability.org/images/content/5/0/502.pdf

    (zuletzt abgerufen am 12. Oktober 2012)

- ARD-Mediathek

    Der H&M Check

    http://www.ardmediathek.de/das-erste/reportage-dokumentation/der-h-und-m-check?documentId=9399388

    (zuletzt abgerufen am 12. Oktober 2012)

- Berliner Zeitung Online

    EM- Sponsoren klammern Menschenrechte aus

    http://www.berliner-zeitung.de/wirtschaft/fussball-em-2012-em-sponsoren-klammern-menschenrechte-aus,10808230,15202776.html

    (zuletzt abgerufen am 12. Oktober 2012)

- BDD

    Bundesverband der Dienstleistungsunternehmen

    http://www.bdd-online.de/pb/site/bdd/alias/aboutBDD/Lde/index.html

    (zuletzt abgerufen am 12. Oktober 2012)

- BDWi

    Bundesverband der Dienstleistungswirtschaft

    http://www.bundesverband-dienstleistungswirtschaft.de/der-bdwi/die-dienstleistungswirtschaft.html

    (zuletzt abgerufen am 12. Oktober 2012)

- Bertelsmann-Stiftung

  CSR-Handbuch Glossar

  http://www.bertelsmann-stiftung.de/bst/de/media/CSR-Handbuch_Glossar.pdf

  (zuletzt abgerufen am 12. Oktober 2012)

- Blick – Online

  Das ist eine winzige Menge Öl

  http://www.blick.ch/news/ausland/das-ist-eine-winzige-menge-oel-id49800.html

  (zuletzt abgerufen am 12. Oktober 2012)

- BPB

  Bundeszentrale für politische Bildung

  http://www.bpb.de/internationales/weltweit/menschenrechte/38751/textilindustrie?p=all

  (zuletzt abgerufen am 12. Oktober 2012)

- Bundesministerium für Arbeit und Soziales

  CSR in Deutschland

  http://www.csr-in-deutschland.de/ueber-csr/glossar/v.html

  (zuletzt abgerufen am 12. Oktober 2012)

- Bundesministerium für Wirtschaft und Technik

  OECD-Leitsätze

  http://www.bmwi.de/BMWi/Redaktion/PDF/M-O/oecd-leitsaetze-%20merkblatt,property=pdf,bereich=bmwi,sprache=de,rwb=true.pdf

  (zuletzt abgerufen am 12. Oktober 2012)

- DESTATIS

  Statistisches Bundesamt

  https://www.destatis.de/DE/ZahlenFakten/GesamtwirtschaftUmwelt/UnternehmenHandwerk/Unternehmensregister/Tabellen/UnternehmenRechtsformenWZ2008.html

  (zuletzt abgerufen am 12. Oktober 2012)

- Earthlink e.V.

  Aktiv gegen Kinderarbeit

  http://www.aktiv-gegen-kinderarbeit.de/welt/asien/china

  (zuletzt abgerufen am 12. Oktober 2012)

- Europäische Kommission

  Zusammenfassung der EU-Gesetzgebung

  http://europa.eu/legislation_summaries/external_trade/c00019_de.htm

  (zuletzt abgerufen am 12. Oktober 2012)

- Europäische Kommission

  Eurobarometer

  http://ec.europa.eu/youth/documents/publications/results-eurobarometer2007_de.pdf

  (zuletzt abgerufen am 12. Oktober 2012)

- Financial Times Deutschland

  Grünenthal entschuldigt sich nach 50 Jahren

  http://www.ftd.de/unternehmen/industrie/:contergan-skandal-gruenenthal-entschuldigt-sich-nach-50-jahren/70084350.html

  (zuletzt abgerufen 12. Oktober 2012)

- Finanznachrichten

  SAP für besonderes soziales Engagement ausgezeichnet
  http://www.finanznachrichten.de/nachrichten-2011-04/19834832-sap-fuer-besonderes-soziales-engagement-ausgezeichnet-095.htm
  (zuletzt abgerufen am 12. Oktober 2012)

- Focus – Online

  Unmenschliche Arbeitsbedingungen bei Paketzustellern
  http://www.focus.de/finanzen/news/wirtschaftsticker/unmenschliche-arbeitsbedingungen-bei-paketzusteller-gls-weist-wallraff-vorwuerfe-zurueck_aid_760897.html
  (zuletzt abgerufen am 12. Oktober 2012)

- Foodwatch

  Werbelügen-Index
  http://foodwatch.de/index_ger.html
  (zuletzt abgerufen am 12. Oktober 2012)

- Frankfurter Rundschau Online

  Kinderarbeit – Autos auf Kosten der Menschenrechte
  http://www.fr-online.de/wirtschaft/kinderarbeit-autos-auf-kosten-der-menschenrechte,1472780,17247372.html
  (zuletzt abgerufen am 12. Oktober 2012)

- Gesellschaft für Konsumforschung

  Verbrauchermonitor 2012
  http://www.vis.bayern.de/verbrauchermonitor/doc/verbrauchermonitor_2012_lang.pdf
  (zuletzt abgerufen am 12. Oktober 2012)

- Global Reporting Initiative

  G3 Leitfaden

  https://www.globalreporting.org/resourcelibrary/German-G3-Reporting-Guidelines.pdf

  (zuletzt abgerufen am 12. Oktober 2012)

- Global Reporting Initiative

  Anforderungen

  https://www.globalreporting.org/Pages/default.aspx

  (zuletzt abgerufen am 12. Oktober 2012)

- Handelsblatt – Online

  Kritik an Arbeitsbedingungen – Aldi, Lidl und Kik hängen sich Sozialmäntelchen um

  http://www.handelsblatt.com/unternehmen/handel-dienstleister/kritik-an-arbeitsbedingungen-aldi-lidl-und-kik-haengen-sich-sozialmaentelchen-um/6050996.html

  (zuletzt abgerufen am 12. Oktober 2012)

- Handelsblatt – Online

  Mäzen des Jahres

  http://www.handelsblatt.com/jahreswechsel/jahreswechsel-das-war-2011/maezen-des-jahres-hans-werner-hector-der-tatkraeftige/5992388.html

  (zuletzt abgerufen am 12. Oktober 2012)

- IAO

  Internationale Arbeitsorganisation – Kernarbeitsnormen

  http://www.ilo.org/public/german/region/eurpro/bonn/kernarbeitsnormen/index.htm

  (zuletzt abgerufen am 12. Oktober 2012)

- ISO

    Internationale Organisation für Normung – ISO 26000

    http://www.iso.org/iso/home/standards/iso26000.htm

    (zuletzt abgerufen am 12. Oktober 2012)

- ISO

    Internationale Organisation für Normung – ISO 9000

    http://www.iso.org/iso/iso_9000

    (zuletzt abgerufen am 12. Oktober 2012)

- ISO

    Internationale Organisation für Normung – ISO 14000

    http://www.iso.org/iso/iso14000

    (zuletzt abgerufen am 12. Oktober 2012)

- N24 – Online

    Foodwatch verklagt Unilever

    http://www.n24.de/news/newsitem_7653822.html

    (zuletzt abgerufen am 12. Oktober 2012)

- NBC – Online

    India official says child labor issue overblown

    http://www.msnbc.msn.com/id/21552919/ns/business-world_business/t/india-official-says-child-labor-issue-overblown/#.UHyQRmmor7-

    (zuletzt abgerufen am 12. Oktober 2012)

- N-TV Online

    Exporte – Deutschland nur noch Dritter

    http://www.n-tv.de/wirtschaft/Deutschland-ist-nur-noch-Dritter-article5743366.html

    (zuletzt abgerufen am 12. Oktober 2012)

- Organisation für wirtschaftliche Zusammenarbeit und Entwicklung

  OECD – Mitglieder und Partner

  http://www.oecd.org/berlin/dieoecd/mitgliederundpartner.htm

  (zuletzt abgerufen am 12. Oktober 2012)

- Pressemitteilungen Online

  Verbrauchervertrauen wegen Dioxin Skandal gesunken

  http://www.pressemitteilungen-online.de/index.php/verbrauchervertrauen-wegen-dioxin-skandal-laesst-lebensmittelindustrie-abstuerzen/

  (zuletzt abgerufen am 12. Oktober 2012)

- Rhein Neckar Zeitung

  Viele Hände schaffen bald ein Ende

  http://www.rnz.de/WieslochWalldorf/LINKSEC00_20120918093401_102871029_Viele_Haende_schaffen_bald_ein_Ende_.php

  (zuletzt abgerufen am 12. Oktober 2012)

- SAI

  Social Accountability International SA 8000

  http://www.sa-intl.org/index.cfm?fuseaction=Page.ViewPage&PageID=937

  (zuletzt abgerufen am 12. Oktober 2012)

- SAP

  Nachhaltigkeitsbericht

  http://www.sapsustainabilityreport.com/de/volunteering-de

  (zuletzt abgerufen am 12. Oktober 2012)

- Spiegel-Online

  Chronik des Versagens
  http://www.spiegel.de/spiegel/print/d-70701750.html
  (zuletzt abgerufen am 12. Oktober 2012)

- Spiegel-Online

  Kinderarbeit – Schwere Vorwürfe gegen Samsung
  http://www.spiegel.de/spiegel/vorab/kinderarbeit-schwere-vorwuerfe-gegen-samsung-a-853366.html
  (zuletzt abgerufen am 12. Oktober 2012)

- Spiegel – Online

  Textilbranche – GAP Näher schuften 60 Stunden pro Woche
  http://www.spiegel.de/wirtschaft/textilbranche-gap-naeher-schuften-60-stunden-pro-woche-a-365176.html
  (zuletzt abgerufen am 12. Oktober 2012)

- Spiegel – Online

  Kinderarbeit für GAP – Indische Regierung am Pranger
  http://www.spiegel.de/wirtschaft/kinderarbeit-fuer-gap-indische-regierung-am-pranger-a-514196.html
  (zuletzt abgerufen am 12. Oktober 2012)

- Spiegel – Online

  Deepwater Horizon Katastrophe – US-Justiz mach Druck auf BP
  http://www.spiegel.de/wirtschaft/unternehmen/deepwater-horizon-katastrophe-us-justiz-macht-druck-auf-bp-a-853997.html
  (zuletzt abgerufen am 12. Oktober 2012)

- Spiegel – Online

  Hoffenheim Sponsor SAP

  http://www.spiegel.de/sport/fussball/hoffenheim-sponsor-hopp-deutscher-fussball-ist-ins-hintertreffen-geraten-a-664724.html

  (zuletzt abgerufen am 12. Oktober 2012)

- Stern – Online

  Indien – Kinderarbeit für Damen Top von Esprit

  http://www.stern.de/wirtschaft/news/unternehmen/indien-kinderarbeit-fuer-damen-top-von-esprit-590453.html

  (zuletzt abgerufen am 12. Oktober 2012)

- Stern – Online

  Chronologie des Siemens Skandals

  www.stern.de/wirtschaft/news/chronologie-der-siemens-skandal-632611.html

  (zuletzt abgerufen am 12. Oktober 2012)

- Stiftung Warentest

  EHEC – Erreger

  http://www.test.de/EHEC-Erreger-Kein-genereller-Verzicht-auf-Sprossen-mehr-4241483-0/

  (zuletzt abgerufen am 12. Oktober 2012)

- Süddeutsche – Online

  Illegale Preisabsprachen in der Stahlindustrie

  http://www.sueddeutsche.de/wirtschaft/illegale-preisabsprachen-in-der-stahlindustrie-schienenhersteller-findet-weitere-bordellrechnungen-1.1470889

  (zuletzt abgerufen am 12. Oktober 2012)

- Tagesschau Online

    Belastetes Tierfutter

    http://www.tagesschau.de/inland/dioxintierfutter100.html

    (zuletzt abgerufen am 12. Oktober 2012)

- Tagesspiegel Online

    Merkel in China – Wirtschaftsbeziehungen statt Menschenrechte stärken

    http://www.tagesspiegel.de/wirtschaft/merkel-in-china-wirtschaftsbeziehungen-statt-menschenrechte-staerken/7066102.html

    (zuletzt abgerufen am 12. Oktober 2012)

- TAZ - Online

    Nachspiel zu Deepwater Horizon

    http://www.taz.de/!101052/

    (zuletzt abgerufen am 12. Oktober 2012)

- Transparency International

    Annual Report 2011

    http://www.transparency.org/whatwedo/pub/annual_report_2011

    (zuletzt abgerufen am 12. Oktober 2012)

- UN Global Compact

    Praxisratgeber

    http://www.unglobalcompact.org/docs/languages/german/de-gc-praxisratgeber.pdf

    (zuletzt abgerufen am 12. Oktober 2012)

- UN Global Compact

    Die 10 Prinzipien

    http://www.unglobalcompact.org/Languages/german/die_zehn_prinzipien.html

    (zuletzt abgerufen am 12. Oktober 2012)

- UN Global Compact

  Preisschild für Umweltschäden
  http://www.unglobalcompact.org/docs/news_events/in_the_media/SDDZ_3.6.11.pdf
  (zuletzt abgerufen am 12. Oktober 2012)

- Uni-Hamburg

  Wissenswert 03-2008
  http://www.uni-hamburg.de/fachbereiche-einrichtungen/fb16/wissenswert03.pdf
  (zuletzt abgerufen am 12. Oktober 2012)

- Unilever

  Becel-proactiv
  http://www.becel.de/proactiv/Default.aspx
  (zuletzt abgerufen am 12. Oktober 2012)

- WDR

  Verdammt hoher Preis
  http://www.wdr.de/tv/monitor/sendungen/2012/0621/indien.php5
  (zuletzt abgerufen am 12. Oktober 2012)

- Wittenberg-Zentrum für globale Ethik

  Gesellschaftliche Verantwortung von Unternehmen in der globalisierten Welt
  http://www.wcge.org/download/DP_2006-1_Homann_-_Gesellschaftliche_Verantwortung_von_Unternehmen_II.pdf
  (zuletzt abgerufen am 12. Oktober 2012)

- Zeit – Online

  Billige T-Shirts
  http://www.zeit.de/2010/51/Billige-T-Shirts
  (zuletzt abgerufen am 12. Oktober 2012)

- Zeit – Online

BP – Ölloch

http://www.zeit.de/wissen/umwelt/2010-08/bp-oelloch-leck-verzoegerung

(zuletzt abgerufen am 12. Oktober 2012)

Anlagen

Anlage 1: 10 Prinzipien des Global Compact

Die 10 Global Compact Prinzipien im Deutschen Recht

	Global Compact Prinzip	Geltende Rechtsgrundlage in Deutschland
Menschenrechte	Unternehmen sollen den Schutz der internationalen Menschenrechte innerhalb ihres Einflussbereichs unterstützen und achten	- Art. 1 GG „Die Würde des Menschen ist unantastbar." - Art. 2 GG „Jeder hat das Recht auf die freie Entfaltung seiner Persönlichkeit (...)" - Art. 3 (1) GG „Alle Menschen sind vor dem Gesetz gleich."
	sicherstellen, dass sie sich nicht an Menschenrechtsverletzungen mitschuldig machen.	- Internationaler Pakt über bürgerliche und politische Rechte 19. Dezember 1966 (Rechtswirksamkeit: BGBl. 1973 II S. 1534)
Arbeitsstandards	Unternehmen sollen die Vereinigungsfreiheit und die wirksame Anerkennung des Rechts auf Kollektivverhandlungen wahren	- Art. 9(3) GG Verpflichtung zur Gewährleistung der Vereinigungsfreiheit
	die Beseitigung aller Formen der Zwangsarbeit,	- Art. 12 GG Recht auf freie Berufswahl und Verbot von Zwangsarbeit mit Ausnahme von gerichtlich angeordneter - Europäische Menschenrechtskonvention Art. 4 Verbot der Zwangsarbeit und der Sklaverei
	die Abschaffung der Kinderarbeit	- § 5 (1) Jugendarbeitsschutzgesetz Die Beschäftigung von Kindern (§ 2 Abs. 1, d.h. unter 15 Jahre) ist verboten. - UN-Kinderrechtskonvention Verankerung des Rechts auf eine gewaltfreie Erziehung
	die Beseitigung von Diskriminierung bei Anstellung und Beschäftigung eintreten	- Artikel 3 (2) GG Männer und Frauen sind gleichberechtigt. Der Staat fördert die tatsächliche Durchsetzung der Gleichberechtigung von Frauen und Männern und wirkt auf die Beseitigung bestehender Nachteile hin. - Allgemeines Gleichbehandlungsgesetz (AGG) Rechtsanspruch für Arbeitnehmer gegen Diskriminierung durch Arbeitgeber - Europäische Menschenrechtskonvention Art. 14 Verbot der Diskriminierung auf Basis von Geschlecht, Rasse, Religion oder sozialer Herkunft.
Umweltschutz	Unternehmen sollen im Umgang mit Umweltproblemen einen vorsorgenden Ansatz unterstützen,	- Strategische Umweltprüfung (UVP-Richtlinie) europäische Richtlinie über die Umweltverträglichkeitsprüfung von bestimmten privaten und öffentlichen Projekten, d.h bei Bebauung und beim Abbau von Bodenschätzen - §§ 13 ff. Bundesnaturschutzgesetzes Beeinträchtigungen der Natur sind vom Verursacher vorrangig zu vermeiden. Nicht vermeidbare erhebliche Beeinträchtigungen sind durch Ausgleichs- oder Ersatzmaßnahmen oder, soweit dies nicht möglich ist, durch einen Ersatz in Geld zu kompensieren - §2 Abs. 2 Nr. 6 Raumordnungsgesetz „Raum ist in seiner Bedeutung für die Funktionsfähigkeit der Böden, des Wasserhaushalts, der Tier- und Pflanzenwelt sowie des Klimas einschließlich der jeweiligen Wechselwirkungen zu entwickeln, zu sichern oder, soweit erforderlich, möglich und angemessen, wiederherzustellen. Wirtschaftliche und soziale Nutzungen des Raums sind unter Berücksichtigung seiner ökologischen Funktionen zu gestalten." - § 50 BImSchG (Bundesimissionsschutzgesetz) Verpflichtung zur Vermeidung von Umweltschäden besonders in Wohngebieten bei der Planung von Gebäuden
	Initiativen ergreifen, um ein größeres Verantwortungsbewusstsein für die Umwelt zu erzeugen	- § 330d StGB Auflistung strafbarer Handlungen gegen die Umwelt
	die Entwicklung und Verbreitung umweltfreundlicher Technologien fördern.	- Energiebetriebene-Produkte-Gesetz EBPG (2008) „Ökodesignrichtlinie" Rahmen für die Festlegung einheitlicher Vorgaben in Bezug auf die umweltgerechte Gestaltung („Ökodesign") von energiebetriebenen Produkten innerhalb der Europäischen Union. Erfasst sind alle Endgeräte, die mit Energie gleich welcher Art betrieben werden (Elektrizität; feste, flüssige und gasförmige Brennstoffe), mit Ausnahme von Fahrzeugen. - §22 ff. Kreislaufwirtschaftsgesetz Regelungen über die Verantwortung für den durch Produkte entstehenden Abfall, deren Kennzeichnung sowie Rücknahme und Verwertung und Abfällen - Verpackungsverordnung Verordnung über die Vermeidung und Verwertung von Verpackungsabfälle
Korruptionsbekämpfung	Unternehmen sollen gegen alle Arten der Korruption eintreten, einschließlich Erpressung und Bestechung.	- § 298-301 StGB Strafrechtliche Konsequenzen von Korruption im Wettbewerb und im Geschäftsverkehr

Gwendolyn Remmert, Deutsches Global Compact Netzwerk, Stand: August 2010

Anlage 2: Fragebogen Seite 1

Business Ethics

Eine Studie zum Thema: „Unternehmensethik" - So denken die zukünftigen Führungskräfte!

1. Kinderarbeit in der dritten Welt ist alleine deshalb schon gerechtfertigt, weil es alle tun!

- Diese Aussage trifft absolut zu
- Diese Aussage trifft eher zu
- Diese Aussage trifft teilweise zu, teilweise nicht
- Diese Aussage trifft eher NICHT zu
- Diese Aussage trifft absolut NICHT zu

2. Als Repräsentant meines Unternehmens würde ich Themen wie Menschenrechte in bestimmten Ländern nicht ansprechen, wenn dies Geschäfte behindern könnte!

- Diese Aussage trifft absolut zu
- Diese Aussage trifft eher zu
- Diese Aussage trifft teilweise zu, teilweise nicht
- Diese Aussage trifft eher NICHT zu
- Diese Aussage trifft absolut NICHT zu

3. Korruption ist in der dritten Welt gang und gebe, deswegen würde ich das dort auch machen!

- Diese Aussage trifft absolut zu
- Diese Aussage trifft eher zu
- Diese Aussage trifft teilweise zu, teilweise nicht
- Diese Aussage trifft eher NICHT zu
- Diese Aussage trifft absolut NICHT zu

4. Wenn es unbedingt notwendig ist, würde ich auch in Deutschland Schmiergelder einsetzen!

- Diese Aussage trifft absolut zu
- Diese Aussage trifft eher zu
- Diese Aussage trifft teilweise zu, teilweise nicht
- Diese Aussage trifft eher NICHT zu
- Diese Aussage trifft absolut NICHT zu

Anlage 3: Fragebogen Seite 2

5. Ich bin nicht der Meinung, dass sich Unternehmen nach Naturkatastrophen am finanziellen Wiederaufbau der betroffenen Regionen beteiligen sollten, bspw. durch Spenden!

☐ Diese Aussage trifft absolut zu
☐ Diese Aussage trifft eher zu
☐ Diese Aussage trifft teilweise zu, teilweise nicht
☐ Diese Aussage trifft eher NICHT zu
☐ Diese Aussage trifft absolut NICHT zu

6. Ich halte es für gerechtfertigt, dass Frauen unter 40 Jahren bei einer Einstellung vertraglich zum Verzicht auf eine Schwangerschaft innerhalb einer bestimmten Frist gebunden werden können!

☐ Diese Aussage trifft absolut zu
☐ Diese Aussage trifft eher zu
☐ Diese Aussage trifft teilweise zu, teilweise nicht
☐ Diese Aussage trifft eher NICHT zu
☐ Diese Aussage trifft absolut NICHT zu

7. Ich habe Verständnis dafür, dass viele Unternehmen das weiterhin bestehende Lohngefälle zwischen männlichen und weiblichen Mitarbeitern nutzen, um so gleiche Arbeit billiger zu bekommen!

☐ Diese Aussage trifft absolut zu
☐ Diese Aussage trifft eher zu
☐ Diese Aussage trifft teilweise zu, teilweise nicht
☐ Diese Aussage trifft eher NICHT zu
☐ Diese Aussage trifft absolut NICHT zu

8. Unternehmen betreiben Umweltschutz lediglich aus Image-Gründen!

☐ Diese Aussage trifft absolut zu
☐ Diese Aussage trifft eher zu
☐ Diese Aussage trifft teilweise zu, teilweise nicht
☐ Diese Aussage trifft eher NICHT zu
☐ Diese Aussage trifft absolut NICHT zu

Anlage 4: Fragebogen Seite 3

9. Gerüchte über Konkurrenten in die Welt zu setzen, ist bei der harten Wettbewerbssituation heutzutage gerechtfertigt!

- Diese Aussage trifft absolut zu
- Diese Aussage trifft eher zu
- Diese Aussage trifft teilweise zu, teilweise nicht
- Diese Aussage trifft eher NICHT zu
- Diese Aussage trifft absolut NICHT zu

10. „Greenwashing", also ein fälschlich aufgesetztes „grünes" Image, um somit den Absatz zu fördern, ist legitim!

- Diese Aussage trifft absolut zu
- Diese Aussage trifft eher zu
- Diese Aussage trifft teilweise zu, teilweise nicht
- Diese Aussage trifft eher NICHT zu
- Diese Aussage trifft absolut NICHT zu

11. Manchmal muss die Umwelt eben auch unter dem wirtschaftlichen Fortschritt leiden (Bsp. Stuttgart 21, Flughafenausbau Frankfurt)!

- Diese Aussage trifft absolut zu
- Diese Aussage trifft eher zu
- Diese Aussage trifft teilweise zu, teilweise nicht
- Diese Aussage trifft eher NICHT zu
- Diese Aussage trifft absolut NICHT zu

12. Eine erweiterte Mitbestimmung von Mitarbeitern, über die gesetzliche Regulierungen (Betriebsrat) hinaus, ist nicht notwendig, da Mitarbeiter schließlich keine Verantwortung für das Unternehmen tragen!

- Diese Aussage trifft absolut zu
- Diese Aussage trifft eher zu
- Diese Aussage trifft teilweise zu, teilweise nicht
- Diese Aussage trifft eher NICHT zu
- Diese Aussage trifft absolut NICHT zu

Anlage 5: Fragebogen Seite 4

13. Ich befürworte es, wenn Medikamente für eine Zulassung in Deutschland noch Monate getestet werden, während die gleichen Medikamente in den USA schon Millionen-Umsätze erzielen!

☐ Diese Aussage trifft absolut zu
☐ Diese Aussage trifft eher zu
☐ Diese Aussage trifft teilweise zu, teilweise nicht
☐ Diese Aussage trifft eher NICHT zu
☐ Diese Aussage trifft absolut NICHT zu

14. Insidergeschäfte sind vertretbar!

☐ Diese Aussage trifft absolut zu
☐ Diese Aussage trifft eher zu
☐ Diese Aussage trifft teilweise zu, teilweise nicht
☐ Diese Aussage trifft eher NICHT zu
☐ Diese Aussage trifft absolut NICHT zu

15. Mitarbeiter, die illegales Handeln des Unternehmens zum Allgemeinwohl an die Öffentlichkeit bringen, sind "Verräter"!

☐ Diese Aussage trifft absolut zu
☐ Diese Aussage trifft eher zu
☐ Diese Aussage trifft teilweise zu, teilweise nicht
☐ Diese Aussage trifft eher NICHT zu
☐ Diese Aussage trifft absolut NICHT zu

16. Wenn Produktionsmethoden aus umweltrechtlichen Gründen in Deutschland verboten sind, dann produziere ich mein Produkt eben in einem Land, in dem dies erlaubt ist!

☐ Diese Aussage trifft absolut zu
☐ Diese Aussage trifft eher zu
☐ Diese Aussage trifft teilweise zu, teilweise nicht
☐ Diese Aussage trifft eher NICHT zu
☐ Diese Aussage trifft absolut NICHT zu

Anlage 6: Fragebogen Seite 5

17. Preisabsprachen zwischen zwei oder mehreren Wettbewerbern sind vertretbar, da sie in einzelnen Branchen offensichtlich praktiziert werden!

☐ Diese Aussage trifft absolut zu
☐ Diese Aussage trifft eher zu
☐ Diese Aussage trifft teilweise zu, teilweise nicht
☐ Diese Aussage trifft eher NICHT zu
☐ Diese Aussage trifft absolut NICHT zu

18. Ökostrom würde ich in einem Unternehmen nur einsetzen, wenn dies keine Mehrkosten verursacht!

☐ Diese Aussage trifft absolut zu
☐ Diese Aussage trifft eher zu
☐ Diese Aussage trifft teilweise zu, teilweise nicht
☐ Diese Aussage trifft eher NICHT zu
☐ Diese Aussage trifft absolut NICHT zu

19. Bei Lieferanten achte ich auf deren Preise und nicht auf die dortigen Arbeitsbedingungen!

☐ Diese Aussage trifft absolut zu
☐ Diese Aussage trifft eher zu
☐ Diese Aussage trifft teilweise zu, teilweise nicht
☐ Diese Aussage trifft eher NICHT zu
☐ Diese Aussage trifft absolut NICHT zu

20. Es ist gerechtfertigt, der Konkurrenz hoch qualifizierte Mitarbeiter abzuwerben!

☐ Diese Aussage trifft absolut zu
☐ Diese Aussage trifft eher zu
☐ Diese Aussage trifft teilweise zu, teilweise nicht
☐ Diese Aussage trifft eher NICHT zu
☐ Diese Aussage trifft absolut NICHT zu

Anlage 7: Fragebogen Seite 6

21. Azubis kosten Geld und sind nicht sehr produktiv, deswegen sollte ein Unternehmen nicht über die vorgeschriebene Ausbildungsquote hinaus ausbilden!

☐ Diese Aussage trifft absolut zu
☐ Diese Aussage trifft eher zu
☐ Diese Aussage trifft teilweise zu, teilweise nicht
☐ Diese Aussage trifft eher NICHT zu
☐ Diese Aussage trifft absolut NICHT zu

22. Auch als Mitarbeiter eines Tabakkonzerns würde ich befürworten, dass das Mindestalter zum Nikotinkonsum von 16 auf 18 Jahre erhöht wurde!

☐ Diese Aussage trifft absolut zu
☐ Diese Aussage trifft eher zu
☐ Diese Aussage trifft teilweise zu, teilweise nicht
☐ Diese Aussage trifft eher NICHT zu
☐ Diese Aussage trifft absolut NICHT zu

23. Zukünftig werden sich Unternehmen noch mehr als heute, über ihr Kerngeschäft hinaus, für ihr gesellschaftliches Umfeld engagieren müssen!

☐ Diese Aussage trifft absolut zu
☐ Diese Aussage trifft eher zu
☐ Diese Aussage trifft teilweise zu, teilweise nicht
☐ Diese Aussage trifft eher NICHT zu
☐ Diese Aussage trifft absolut NICHT zu

24. Es wäre vertretbar, wenn man mit Hilfe von Genom-Analysen die Neigungen und Talente von Mitarbeitern exakt einschätzen könnte!

☐ Diese Aussage trifft absolut zu
☐ Diese Aussage trifft eher zu
☐ Diese Aussage trifft teilweise zu, teilweise nicht
☐ Diese Aussage trifft eher NICHT zu
☐ Diese Aussage trifft absolut NICHT zu

Anlage 8: Fragebogen Seite 7

25. Als Shareholder eines Unternehmens wäre ich eher an dessen wirtschaftlichem Erfolg interessiert, als an dessen ethisch-korrekten Image!

- Diese Aussage trifft absolut zu
- Diese Aussage trifft eher zu
- Diese Aussage trifft teilweise zu, teilweise nicht
- Diese Aussage trifft eher NICHT zu
- Diese Aussage trifft absolut NICHT zu

26. Unternehmen sollten zu einem Recycling ihres Mülls verpflichtet werden, auch wenn diese Kosten die Wirtschaftlichkeit und somit die Konkurrenzfähigkeit gefährden könnten!

- Diese Aussage trifft absolut zu
- Diese Aussage trifft eher zu
- Diese Aussage trifft teilweise zu, teilweise nicht
- Diese Aussage trifft eher NICHT zu
- Diese Aussage trifft absolut NICHT zu

27. Steuerschlupflöcher existieren um genutzt zu werden!

- Diese Aussage trifft absolut zu
- Diese Aussage trifft eher zu
- Diese Aussage trifft teilweise zu, teilweise nicht
- Diese Aussage trifft eher NICHT zu
- Diese Aussage trifft absolut NICHT zu

28. Ich sehe eine Verantwortung bei deutschen Unternehmen, ihren Lieferanten in der dritten Welt Schulungen in Sachen Menschenrechte und Arbeitsbedingungen anzubieten!

- Diese Aussage trifft absolut zu
- Diese Aussage trifft eher zu
- Diese Aussage trifft teilweise zu, teilweise nicht
- Diese Aussage trifft eher NICHT zu
- Diese Aussage trifft absolut NICHT zu

Anlage 9: Fragebogen Seite 8

29. Ich als Manager würde es befürworten, wenn Führungskräfte eine eigene Kantine hätten!

☐ Diese Aussage trifft absolut zu
☐ Diese Aussage trifft eher zu
☐ Diese Aussage trifft teilweise zu, teilweise nicht
☐ Diese Aussage trifft eher NICHT zu
☐ Diese Aussage trifft absolut NICHT zu

30. Ich befürworte es, wenn Unternehmen ältere und behinderte Mitarbeiter einstellen, auch wenn dies auf Kosten der Produktivität passiert!

☐ Diese Aussage trifft absolut zu
☐ Diese Aussage trifft eher zu
☐ Diese Aussage trifft teilweise zu, teilweise nicht
☐ Diese Aussage trifft eher NICHT zu
☐ Diese Aussage trifft absolut NICHT zu

31. Richtige Inhaltsinformationen, dem Inhalt angepasste Verpackungsgrößen und genaue Kennzeichnungen sind unerlässlich, auch wenn dies den Umsatz schmälern könnte!

☐ Diese Aussage trifft absolut zu
☐ Diese Aussage trifft eher zu
☐ Diese Aussage trifft teilweise zu, teilweise nicht
☐ Diese Aussage trifft eher NICHT zu
☐ Diese Aussage trifft absolut NICHT zu

32. Nachvertragliche Verpflichtungen können gerne im Kleingedruckten stehen, wer das nicht liest, ist selbst schuld!

☐ Diese Aussage trifft absolut zu
☐ Diese Aussage trifft eher zu
☐ Diese Aussage trifft teilweise zu, teilweise nicht
☐ Diese Aussage trifft eher NICHT zu
☐ Diese Aussage trifft absolut NICHT zu

Anlage 10: Fragebogen Seite 9

33. Ich persönlich würde mein Auto auch „schwarz" reparieren lassen!

☐ Diese Aussage trifft absolut zu
☐ Diese Aussage trifft eher zu
☐ Diese Aussage trifft teilweise zu, teilweise nicht
☐ Diese Aussage trifft eher NICHT zu
☐ Diese Aussage trifft absolut NICHT zu

34. Hotlines für ein Feedback zu Produkten sind Geldverschwendung und bringen sowieso nur Beschwerden!

☐ Diese Aussage trifft absolut zu
☐ Diese Aussage trifft eher zu
☐ Diese Aussage trifft teilweise zu, teilweise nicht
☐ Diese Aussage trifft eher NICHT zu
☐ Diese Aussage trifft absolut NICHT zu

35. Ich habe persönliche ethische Wertvorstellungen und würde eher meinen Job riskieren als gegen diese zu verstoßen!

☐ Diese Aussage trifft absolut zu
☐ Diese Aussage trifft eher zu
☐ Diese Aussage trifft teilweise zu, teilweise nicht
☐ Diese Aussage trifft eher NICHT zu
☐ Diese Aussage trifft absolut NICHT zu

36. Die Unterstützung kleinerer lokaler Sportvereine oder sonstiger Institutionen (Kindergärten etc.) kostet mehr als es dem Unternehmen letztendlich einbringt!

☐ Diese Aussage trifft absolut zu
☐ Diese Aussage trifft eher zu
☐ Diese Aussage trifft teilweise zu, teilweise nicht
☐ Diese Aussage trifft eher NICHT zu
☐ Diese Aussage trifft absolut NICHT zu

37. In meinem Studiengang werden Vorlesungen zum Thema "Unternehmensethik" angeboten!

☐ ja ☐ nein

38. Ich studiere...

☐ Wirtschaftswissenschaften
☐ einen anderen Bereich

39. Angestrebter Abschluss:

☐ Bachelor
☐ Master

Anlage 11: Statistische Maßzahlen der Auswertung

Deskriptive Statistik

	N	Mittelwert	Standardabweichung	Varianz
Frage 1	242	4,5413	,97710	,955
Frage 2	242	3,6074	1,14817	1,318
Frage 3	242	3,6901	1,24866	1,559
Frage 4	242	3,7934	1,26502	1,600
Frage 5	242	3,4876	1,27286	1,620
Frage 6	242	3,9256	1,12065	1,256
Frage 7	242	4,1074	1,18288	1,399
Frage 8	242	3,5661	1,17978	1,392
Frage 9	242	3,6694	1,31943	1,741
Frage 10	242	3,8512	1,16776	1,364
Frage 11	242	4,1860	1,17483	1,380
Frage 12	242	3,4339	1,32239	1,749
Frage 13	242	3,3347	1,41991	2,016
Frage 14	242	3,7066	1,24269	1,544
Frage 15	242	3,7975	1,22742	1,507
Frage 16	242	3,3512	1,25428	1,573
Frage 17	242	3,8678	1,10782	1,227
Frage 18	242	2,9917	1,31696	1,734
Frage 19	242	1,9091	1,01850	1,037
Frage 20	242	1,6860	,80489	,648
Frage 21	242	2,7521	1,32816	1,764
Frage 22	242	2,8058	1,33866	1,792
Frage 23	242	1,9835	1,02243	1,045
Frage 24	242	3,5455	1,31066	1,718
Frage 25	242	2,4793	1,22626	1,504
Frage 26	242	3,3595	1,36908	1,874
Frage 27	242	1,9504	1,03347	1,068
Frage 28	242	3,5579	1,16607	1,360
Frage 29	242	2,6322	1,29837	1,686
Frage 30	242	3,3636	1,26228	1,593
Frage 31	242	2,5785	1,28025	1,639
Frage 32	242	3,5702	1,29041	1,665
Frage 33	242	1,8388	,94828	,899
Frage 34	242	3,0289	1,27991	1,638
Frage 35	242	3,3388	1,27246	1,619
Frage 36	242	2,5909	1,36418	1,861
Frage 37	242	1,5785	,49482	,245
Frage 38	242	1,3223	,46833	,219
Frage 39	242	1,3678	,48320	,233
Gültige Werte (Listenweise)	242			

Anlage 12: Kreuzdiagramme Teil 1 (Frage 2 und Frage 7)

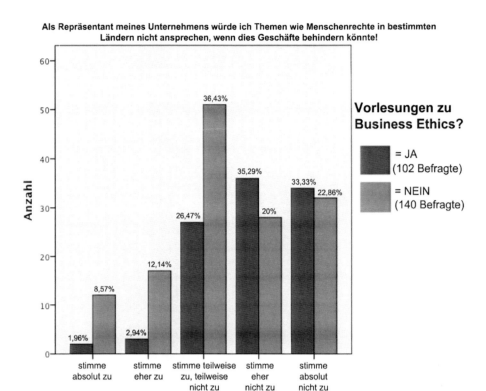

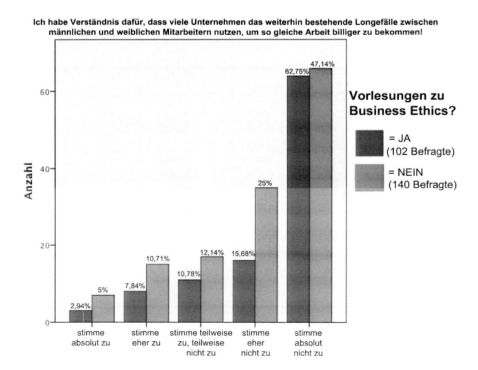

Anlage 13: Kreuzdiagramme Teil 2 (Frage 9 und Frage 12)

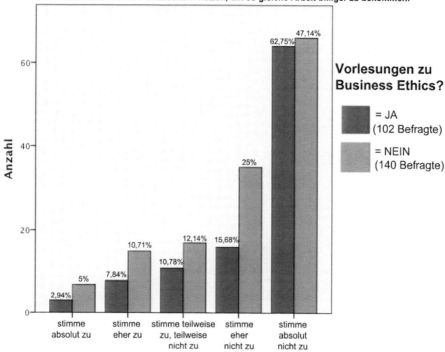

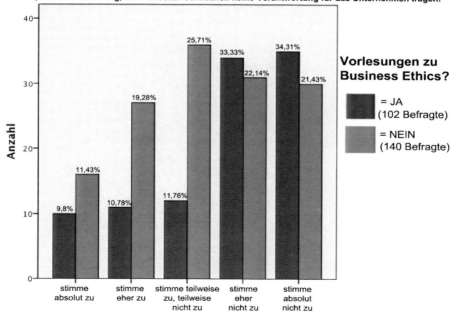

Anlage 14: Kreuzdiagramme Teil 3 (Frage 14 und Frage 15)

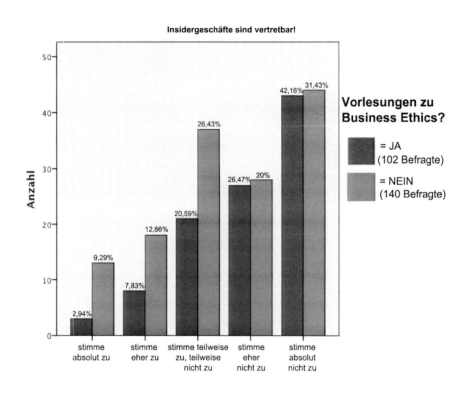

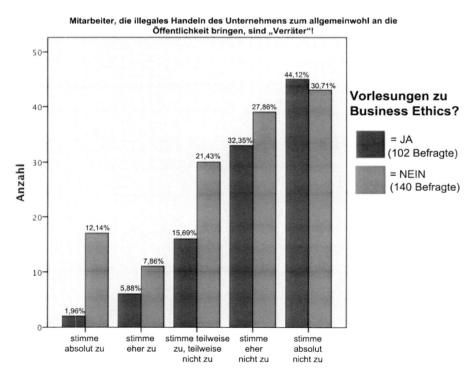

Anlage 15: Kreuzdiagramme Teil 4 (Frage 16 und Frage 17)

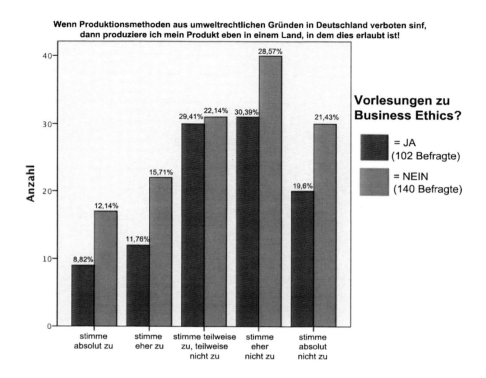

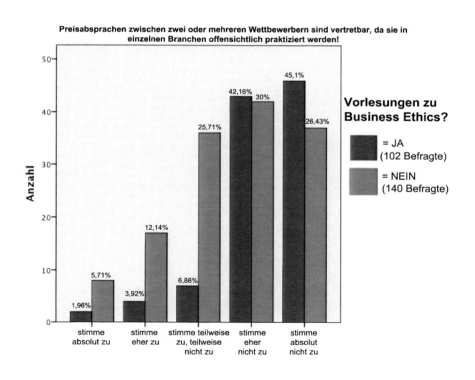

Anlage 16: Kreuzdiagramme Teil 5 (Frage 21 und Frage 22)

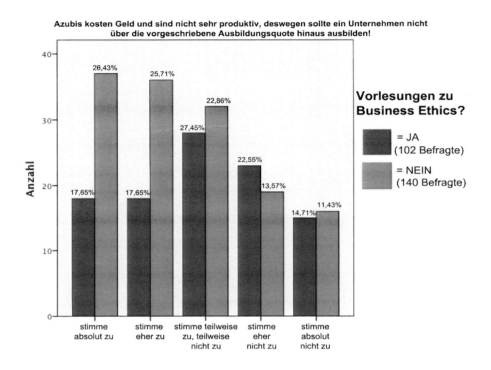

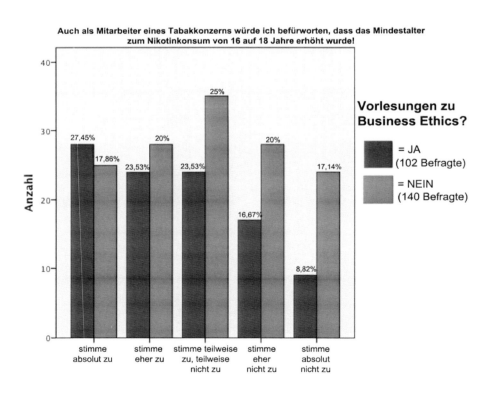

Anlage 17: Kreuzdiagramme Teil 6 (Frage 27 und Frage 30)

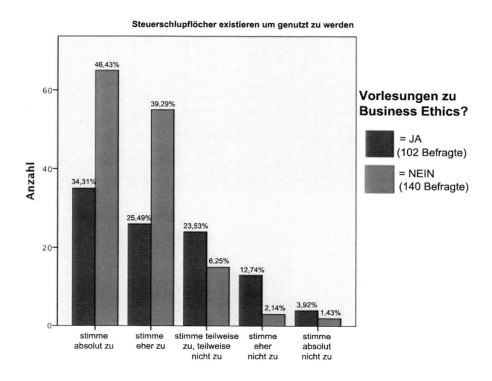

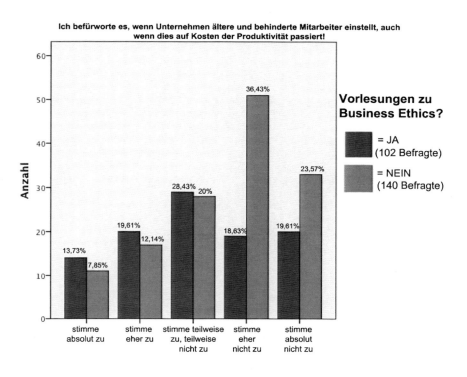

Anlage 18: Kreuzdiagramme Teil 7 (Frage 31 und Frage 32)

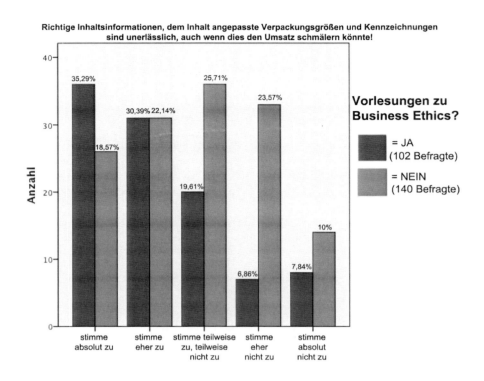

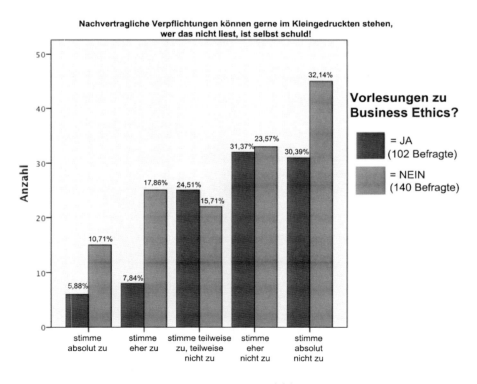

Anlage 19: Kreuzdiagramme Teil 8 (Frage 35)

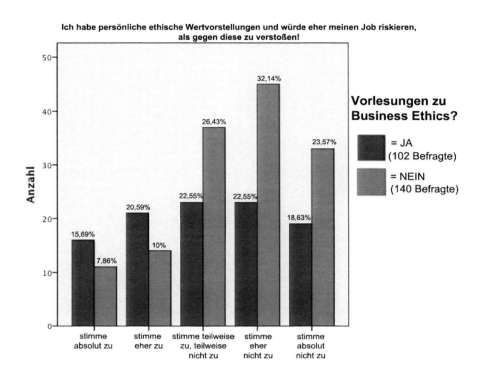